自商业

未来网络经济新形态

杨健◎著

ZHEJIANG UNIVERSITY PRESS
浙江大学出版社

目 录

》》 导　言 《《

互联网对商业的重构

唯有变化不变

互联网正在快速重构所有行业。

现在讲这句话,已经很少有人表示异议。但另一个问题却清晰地摆在了人们面前:我们该怎么做?

这个问题几乎是不可解的,因为可凭借的旧理论支点已经不复存在。这就犹如你原先在陆地上,有很多东西是静止的,山不动,地不动,水在流;现在来到了大海上,即使是坐在一条大船里,船身也不免会时而摇摆,时而倾斜,海面有时风平浪静,有时则会巨浪狂飙。

我们发现,现在面对的事和物比以往任何时候都有更多的不确定性。在这个时代里,唯有变化才是真正不变的。

要解答怎么应对时代变化的问题,已经不能让农夫拿着更高级的锄具对抗海浪,而是要将农夫变成水手。否则,所有对"我们该怎么做"的解答都不可证伪。

或主动,或被动。农夫已走在变成水手的路上。

商业的变化

21 世纪初,商业领域最有活力的是电子商务。但在 21 世纪第二个十年里,"电子商务"这个词可能就要消失了,取而代之的是"商务电子",或 O2O。然后,这些词也会消失,只留下"商业"本身。那时候,就像空气之于人一样,互联网将成为商业的必需品。

在这个趋势下,我们发现不仅传统商业的边界日益模糊,商业公司的机制也在不断改变。传统企业的科层制和部门分工已经不能适应商业环境,公司企业的集中决策和长审批链成了弊端,要灵活地应对,只有持续地扁平化,并授权给基层部门做决策。这也应了华为任正非先生的名言:"让听得见炮声的人做决策。"

实际上,海尔的张瑞敏先生已经踏出了令人震撼的一步。从 2013 年开始,他发动了海尔互联网战略的大革命,将海尔的 8 万名员工拆分重组为 2000 个自主经营体,从而打造出了一种不断演进中的"人单合一"模式。反复研读《张瑞敏思考实录》后,我们能够清楚辨析出,海尔的网络化战略应是张瑞敏先生深思十几年的延续动作,绝非一拍脑袋张口就来。但是,这么大的一个品牌化组织,又承载着国家和民族的期望,从战略到落地到底会是怎样的动作呢? 整个行业和学界,甚至全社会都在拭目以待。

我是最早的一拨 80 后,赶上了"大时代"的尾巴,有幸接触到一段短缺经济时期(经济学者普遍认为,1998 年前后中国开始从短缺经济过渡到相对过剩经济),切身感受到中国从底层成长起来的民营经济的活力。我有一种本能的感知:源起于美国的互联网革命与中国商业的真正融合一定是从基层开始的。在 20 世纪 90 年代互联网进入中国后,中国所有的网络商业模式几乎都是复制美国的。而现在,中国巨大的人口用户和文化存量开始发力。事实上农村农民已经在使用互联网和手机实实在在地赚钱了。在城市,也有很多专业的或有才华的人,不依赖传统的商业做法而取得了阶段性的成功。这也是一年多的时间里,我利用各种机会在长三角、京津冀和粤闽浙等地做调研的原因之一,其中还包括很多"淘宝村"。越是偏远的地方,越可能存在新商业原生的活力。做这些调研的目的,就是想获得些使商业更靠谱的方法,进而尝试去分析"面对新时代,我们该怎么做"。

就在 2013 年 9 月初,我刚刚结束一轮长三角调研回京时,接收到科斯先生①离世的消息。那时还没来得及阅读书架上科斯与他的弟子王宁共同著写的新书《变革中国》。后来读这本书,并重新认真阅读科斯晦涩的论文《企业的性质》时,才真正明白自己正在思考的一些问题在科斯和其他大师级学者的书里早有论述。

科斯认为,交易费用(transaction costs,也译作"交易成本")是公司存在的原因。顾客四处找工人生产组装商品,存在钱和精力的耗费,而公司的存在就避免了这样的耗费。所以顾客找到公司,避免交易费用。科斯也认为公司越大,管理成本越高。最后当市场交易的边际成本等于企业内部管理协调的边际成本时,就是企业规模扩张的界限。按照一体两面的原则,这一论述的另一端是公司越小,利润与管理成本的比值就会越高。按这个逻辑,如果公司只有一个人,那么管理协调成本就为零。

在移动互联网不断提升单个人价值成效的时候,似乎一个人的公司成了一种可能。这跟自由职业者不一样,因为自由职业者本质上还是在为别人打工。一个人的公司需要自己做价值生产、自己做营销,还需要自己维护客户和上下游的供应与代理。一个人的公司,会产生更好的成本利润率,有足够的决策灵活性和商业活力。但一个人的公司,本质上又是对科斯定律的挑战,因为传统研究里一个人不能称为公司,一个人的公司仅仅是一种逻辑可能。而这样的一种逻辑可能,起因依旧是互联网。

那么一个人的公司跟互联网化的企业,是不是有某种关联呢?从实际来看,是有的。尤其是在一些新互联网公司内,已经有不少短期聘任的兼职员工,这种员工有核心技术和独特技能,有的本身就是个小团队,他们能够在独立经营和被某一公司雇佣之间平滑地迁移。适合这么做的,首先是一些新锐媒体人,他们使一个叫"自媒体"的词汇火爆了起来。接着是一些独立专家、律师、设计师、咨询师

---

① 罗纳德·哈利·科斯(Ronald H. Coase,1910.12.29—2013.9.2),1991 年诺贝尔奖经济学奖得主,交易成本理论的提出者、产权理论的创始人,发表有两篇著名论文《企业的性质》与《社会成本问题》。

等,有些掌握核心技术的 IT 人、程序员,也在搞这种自由商业的玩法。而互联网化企业,其实也在往这种方向转变。扁平的互联网化企业中,大部门会拆分为一个个小组,每个小组独立经营。每一个独立经营小组就是一个自由商业体,小组可以是一个人,也可以是几个人,但人数肯定不会太多。

另一方面,农村和县城对这些玩法也并不陌生,很多家庭作坊式的淘宝店就是自由商业体(多为淘宝网店,但实际上淘宝的生态已非常复杂,包括为淘宝店提供拍照、物流、包装等,都属于这种自由商业体)。现在电子商务平台上的很多交易数字,都是由一些"淘宝村"贡献的。这些淘宝经营体在移动互联网兴起后,遇到的最大问题是营销成本。不依赖点击付费,拓展自营销方式,有些淘宝店反而走出了一条稳妥的盈利路径。而一些区域性的淘宝村,甚至能覆盖产业全环节,形成了如蚁群一样的区域性商业集群。这种区域性商业集群所代表的"超级有机体",可能就是传统企业互联网化的未来形态。

汇总这两端,能够看到我们的经济已在悄悄地进行着一场新的变革。这场由互联网引起的变革是经济新活力的释放,尤其是移动互联网无疑会将商业推进到新时代。在这个商业新时代里,将会出现一种新的商业机制,这种商业机制将与国有经济、民营经济等一同构成中国商业生态的大版图。这种新的商业机制比较突出个人、个体、小团队,特点是自由、自主、自立。

由信息传递技术革新而演化来的这种新的商业机制,可以命名为"自商业"。

在科斯与王宁的《变革中国》一书里,就讲到了中国经济改革的"双源说"。30多年中国经济改革之路,有两个源头,一个源头是政府推动的国有企业改革,另一个源头是中国的边缘力量发起的边缘革命。科斯认为四大"边缘革命"才是改革的重要组成,而国有企业的改革更像是微调。这四大边缘革命分别是农村家庭联产承包、农村工业化诞生的乡镇企业、返城知青开创的私营经济以及经济特区的开辟。推动边缘革命的是农民、城市待业者及其他计划经济下被边缘化的力量,他们是推动市场转型的先锋。[1]

---

[1] 罗纳德·哈里·科斯、王宁:《变革中国:市场经济的中国之路》,徐尧、李哲民译,中信出版社2013年版,第95—97页。

从这个视角可以得到一个分析的思路：中国国内已经有很多互联网新商业现象，有很多的商业热点非常火爆，有的确实在创造价值。但这些热点可能仅仅是变革之一源，另一源在信息喧闹中被忽略了。在改革开放初期，大家的眼睛都盯着国企改革，而真正推动前进的力量却来自边缘。每一位审慎的行业研究者都不该盲目地追风。追捧一些商业热点或许会在短期内获得关注，但可能得不出深入的价值。在思想者塔勒布①的新书《反脆弱》中讲到一个观点："一个事物的未来预期寿命与它过去的寿命成正比。"②例如百老汇演出表中，上演档期最长的戏剧将经久不衰，大金字塔有五千多年历史，而柏林墙只存在了二十几年（塔勒布曾经游览过大金字塔和柏林墙，当他见到柏林墙时，柏林墙只立起来十几年，又过了十几年，柏林墙就倒掉了）。

按照这样的思路和价值判断，本书避开了当前热门的一些商业现象，在切实调研和观点有记载佐证的基础上完成了本书的写作，期望能给读者一些清新、恒久的认知。

可凭借的方法

有数千年历史的中国商业发展到今天已经极度复杂，随着历史朝代与技术的更迭，每一时期都会有商业的新变化。如何去把握变化，需要一定的方法工具。我在十几年的商业咨询和项目管理中，常用到两个方法。

第一个是**"产品—服务—用户"模型**。这个模型是我摸索出的一个商业分析工具，可以适用于分析较大的商业走势，也能用来分析微观的商业现象。如图1所示，模型由三个元素构成，分别是产品、服务、用户，这是构成一个商业现象的基础三元素。三个元素如果转不起来，或者不齐全，这个商业现象会有问题。通过不断的实践和打磨，后来我发现这个模型还是个方法工具。依托它，可以产生新

①　纳西姆·尼古拉斯·塔勒布（Nassim Nicholas Taleb），超级畅销书《黑天鹅》《随机漫步的傻瓜》的作者，位列2009年Crainer Dearlove最具影响力的50位商业思想家排名第40位。
②　纳西姆·尼古拉斯·塔勒布：《反脆弱：从不确定性中受益》，雨珂译，中信出版社2014年版，第272页。

商业人的方法论体系。

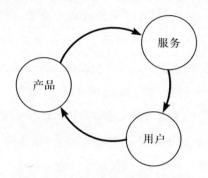

图 1 "产品—服务—用户"模型

第二个是**商业发展必然规律**。著名历史学家黄仁宇①先生在《中国大历史》一书的结尾,用图示描述了他大历史观的哲学立场②。我参考黄仁宇先生的图,绘制了商业发展必然规律模型,以此作为研究商业规律的工具,如图 2 所示。与黄仁宇先生的历史研究相比,用于观察分析商业现象,其实是把这个研究工具往小处用了。商业的发展,始终受两个力的影响,一个是商业理想主义的张力,一个是总在羁绊和拖延的向心力。大到时代,小到公司,都在这两个力量的牵引下划出了自己的轨迹。时代在不断发展,公司的发展如果能踩在与时代发展轨迹相吻合的实线上,公司商业就能成功。

打开资讯类的网站,或者打开智能手机,潮水般涌来的信息大多都是张力。少有客观的商业评论能把向心力分析清楚。将向心力洞悉出来,也有一套章法,如可使用图 1 的"产品—服务—用户"模型。对新商业现象来说,往往是产品先行,技术革新产品化更容易做些,但没有妥帖的服务运营,就落不了地。有的服务运营跟上了,但用户并不配合,用户不成熟背后透出的是商业机遇的时间窗口没到。

---

① 黄仁宇(1918—2000),湖南长沙人,曾从戎于抗日战争和国共内战期间的国民党军队,后赴美求学,密歇根大学历史博士,以历史学家、中国历史明史专家、"大历史观"(macro-history)的倡导者而为世人所知,著有《万历十五年》、《中国大历史》等畅销书。

② 黄仁宇:《中国大历史》,生活·读书·新知三联书店 2008 年版,第 397 页。

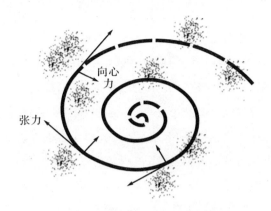

图 2　商业发展必然规律模型

这是最简的分析,实际上有不少商业现象是服务先行,还有的是用户倒逼,几乎都是摇摇摆摆着发展起来的。如果商业张力过强,会不知道滑向哪儿去了,最终必然陨灭。如果向心力太强,只能分食被迅速摊薄的商业利润,最后可能会饿死。互联网新商业的发展,虽然有很多新奇的特色,但也会遵循商业发展必然规律的路径。

就在我将本书样稿发给编辑的时候,看到了网上的一则新闻:阿里巴巴的马云先生为推广一个产品,创作了一幅"马体墨宝",并拍卖出了 242 万元的天价。随后,网友们大呼看不懂,有人问:这是太极图吗? 甚至有人调侃像是煎饼果子,还有人说是塔防游戏。

得此消息,哭笑不得。如图 2 的这一商业发展必然规律模型,跟是不是太极图没关系,价值在于其阐述。

图 2 的开口一定要往外抛。黄仁宇先生的图趋于向内收,马云先生的墨宝闭合成圈,但商业的量级发展,应伴随人类知识总量的几何增长。

使商业产生真正的价值

即使有研究工具和方法,也无法解答"我们该怎么做"。人们心里的"我们该怎么做"是一个伪命题,因为背后真正想要的是"我们该怎么做出绝对正确的商业决策"。这是愿景,不是命题。

同理,这本书不是糊弄人的灵丹妙药,这本书能使商业产生真正的价值。

十几年前,我就有一个推动商业价值进步的信念,直到今天这个信念都不曾动摇。通过不断摸索,发现信守"接地气,有格局"的原则是让商业更靠谱的办法,所以又将这一原则用到了实地调研、知识创造、商业咨询中。这些知识和信息除了转化为传递给商业客户的咨询价值,还积累了一些通用和普适的知识,这自然能够梳理创作成一本书。

本书将互联网商业可能出现的新"物种"称为自商业,不只是在研究这种新物种的机制,也分析总结出商业的一般性道理。通过这本书,读者朋友会了解到网络经济的新形态,也会掌握互联网商业盈利的真正做法,还能够学到商业可持续发展的至真精髓。

另外,我们能够感知到现代商业人有各种各样的焦虑,危机感时刻紧拉着每一个商业经营者的神经。本书提出的自商业体系化策略是解决这一现实问题的方法,也是对未来健康商业态的一次系统化梳理。

如果一定要归个类,那么可将本书看成一本互联网新商业指南的书,适宜于紧跟时代的企业家、商业人、互联网从业者、商学院和MBA学生,也适宜于政府公务人员、非营利组织从业者、互联网转型企业员工、电商从业人员、产品经理、打拼中的奋斗者和对未来满怀憧憬的大学生。

互联网时代背景下的当代人都应该读一读这本书,必将大有裨益。

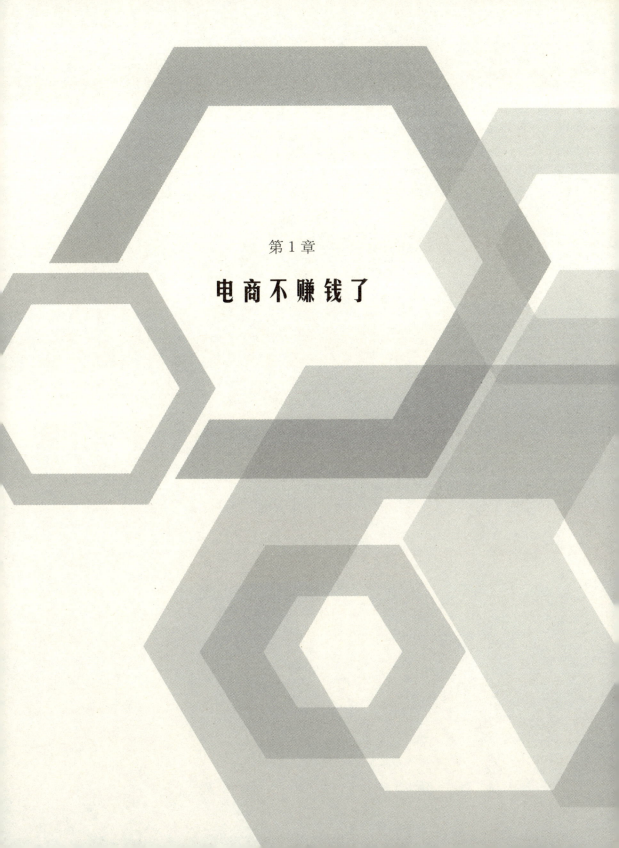

第 1 章

电商不赚钱了

互联网广告、网络游戏、电子商务(简称电商)是互联网三大商业模式。其中,网络技术难度最低的是电子商务。但在移动互联网兴起后,电商行业规模虽然还在持续扩大,人们却发现电商越来越难赚钱了。电商所代表的互联网新商业,进入了一个发展悖论。

电商过山车

在 21 世纪的前 10 年里,或许只有电子商务行业的规模增长率能赶得上房地产价格的上涨。

不妨让我们拿房价的上涨与电商规模的增长做个对比。

以北京望京地区的房价来看,在 2003 年的时候新建楼盘每平方米约 4000～5000 元人民币,但 10 年后的 2013 年,望京二手房的价格已达 4 万～5 万元。如果还想问新房的价格,不好意思,这个区块已经没有可盖新房的土地了。2013 年 10 月央视财经频道报道显示,北京六环的房价已经高达均价 2 万元。10 年之间,房价涨了 10 倍。在一线城市、二线城市甚至全国范围内,房价增长率几乎都是呈一条陡峭的阳线。

而我国 GDP 的增长率是每年 7%～9%,这已经使全球的经济学家热衷于研究"中国模式",这个 GDP 增长率中包括房地产。房地产是国内经济的支柱,但房地产业的火热衬托出的是房地产之外的内需疲软,甚至是普通居民消费力的下降。

如果将目光转移到中国网络零售市场,从北京奥运会后的 2009 年开始,几乎每年都拥有 70%～100% 的网购规模增长率。这是一个完全原生的增长率,很少有国家主导的因素。我们能够预见到,在未来几年中,网购将占据居民消费的 10%,这意味着中国人每花十块钱,就有一块钱是在网上购物(见图 1-1)。

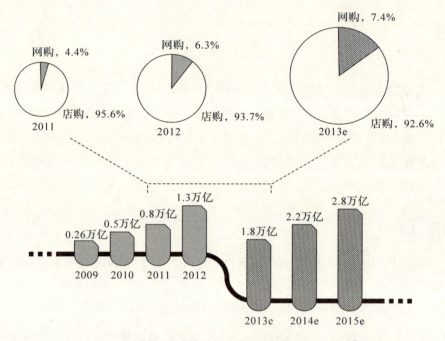

图 1-1   中国网络购物市场发展趋势(2009—2015e)①

在这样一个发展趋势下,越来越多的传统企业开始接触电子商务,大力扶持网销渠道。更多商业集团开始涉足电商平台,其中不乏地产、银行、媒体等商业巨擘。更多的个体小商人找到货源杀入淘宝,部分职业高校还开设了淘宝培训专业。几年前,曾经有人在相亲节目上说自己是做淘宝的,结果被狠狠地灭灯。仅仅一年左右的时间后,境遇又来个大逆转,人们又想当然地认为做淘宝的都是"高帅富"。

① 数据来源:《2012 年中国网络购物市场交易规模超 1.3 万亿》,http://ec. iresearch. cn/shopping/20130125/192011. shtml,《中国电子商务研究中心:2012 年度中国网络零售占社会零售总额比》,http://data. eguan. cn/dianzishangwu_171130. html,其中 2013—2015 年数据为预测值。

在电商行业集体进入狂热和躁动期以后,一个不争的事实是在网上卖东西的商家们越来越难赚钱,而除淘宝以外的电商平台几乎都很难盈利。不少媒体评论家开始提出"电商是泡沫",甚至有心直口快的互联网人抛出"电商就是骗局"的言论,让人瞠目结舌。

在电商从业者的观念中,整个电子商务网络零售行业最近几年的发展犹如过山车一般,瞬间飞到天上,又瞬间跌入谷底。

红利溯源

在传统的商业环境中,从货品的生产递送流程上看至少分为:生产商、批发商、零售商、消费者。而电子商务几乎是将货品从生产商直接递送给消费者。

2013 年 9 月我在珠三角调研时,曾计算过传统渠道销售的服装价格与成本。对一款都市中档夹克来说,布料批发市场的原材料价格基本为 30~70 元/米,珠三角的服装加工人力费用不高,每件服装大约需要 40~50 元的成本,成品出厂价大约是 100~120 元。出厂时生产商一般会将建议零售价定为 300~350 元,批发商一般以 150 元的价格出手,许多小店拿货后会以 200 元左右的价格卖给顾客。但如果这件夹克的款式被品牌商相中了,在贴牌后将进入商场专柜进行销售,价格能达到 800~1000 元。

一般服装如果进入大商场销售,贴牌价格约是成本的 6 倍。在苏州虎丘附近散布着很多的婚纱礼服作坊式小厂,成品后的贴牌价约是成本的 4~5 倍,这儿的人工成本比广东要高。

有了电子商务 B2C 平台后,商家就可以直接从厂商拿货,即使贴牌后,售价也可以控制在成本价的 2~3 倍,于是网购同样一件夹克就能比商场的价格便宜一半,这就是网络购物商品便宜的根源。各商家有的获利多,有的获利少,其各自的售卖策略和运营情况决定了获利的差异。

传统商品的价格,实质上是由渠道成本决定,例如商场的运营、租金、水电、返点,每一级商品代理商必然有加价、返点。而电子商务的方式也有成本,这个成本分散在电商的"三流"(信息流、支付流、物流)中。在天猫、京东等电商平台上卖东西,有入场费和扣点,还需要通过买广告位置的方式获取顾客点击量。如果是商家自己运营 B2C 的电商网站,会产生有服务器托管费用、网站开发维护费用、日常运营费用等。商家通过支付宝等工具,需要承担账期的成本和手续费。将商品交付给顾客,还有物流快递的成本。所有的这些成本与传统线下渠道成本比起来,还是降低了很多(见图 1-2)。

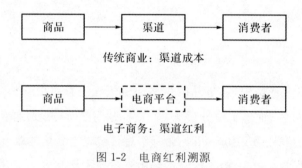

图 1-2　电商红利溯源

从 2003 年开始,以淘宝网为代表的国内网络零售平台,最大的创新就是将商品的线下渠道成本转变为商家的红利。十年过去了,IT 与互联网技术已更新换代了几轮,电子商务主体红利模式却几乎没有变化。移动互联网的兴起,也只是这种红利本质的延长。

风险投资之"罪"

在没有电子商务之前,互联网的盈利模式并不多,传统的就是互联网广告,再就是被奉为"金矿"的网络游戏。在所有的 IT 公司与互联网业态蓬勃发展的过程中,风险投资(Venture Capital, VC)的模式起到了非常积极的作用。特别是在十多年前互联网刚刚兴起,张朝阳等人开始 Web 1.0 的创业时,如果没有风险投资,指望银行贷款、科技扶持等传统融资方式,几乎不可能做出互联网公司。不可否认,风险投资在中国互联网的发展过程中起到了极其重要的作用,将来也必将发挥重要的作用。

但是从近几年来看,风险投资之于互联网创业团队也出现了很多问题。基本有以下几个方面:

第一,拉低了创业者对成功标准的定义。互联网创业者一旦拿到风投后,"饥饿感"降低,甚至钱都花不完。这使很多创业团队将拿到风险投资看成创业的成功,各种衍生的问题依次出现。

第二,急于求成的退出机制,使创业急功近利。任何商业模式都有一个成熟周期,没法揠苗助长。创业公司在风投压力下没有足够的时间来发育完善,经常将不成熟的业务大规模复制。创业公司的业务模式也因此陷入不断圈钱的怪圈。

第三,对创业团队的干预,完全不接中国的"地气儿"。风投从业者一般都不能扎根到业务的基层,不能了解到业务最一线的问题,只能从行业格局和国外模式中给出参考意见。这在创业团队运营决策、发展方向上,或隐性或显性地产生了不利的干预。

从 2010 年到 2011 年,团购网站的繁荣曾在互联网电子商务业态中昙花一现,许多风险投资注入团购网站,一时之间引发了"百团大战"。得到投资的团购创业团队,大把地撒钱招人。以高于行业标准的软件工程师数倍的月薪,招聘在职业培训学校刚学会编程的人做技术员工;又以极高的年薪挖来二流、甚至不入流的商务团队做销售。这种行为的恶果是,在自己业务倒掉的同时,还使行业人力资源供求状况更加混乱,进而影响到行业整体的创新动力。

从逻辑上看,创业团队需要资金时,风险投资提供资金和资源的支持;创业公司成功后,风险投资撤出。风险投资投十家,其中有两家 IPO 即可获利。风险投资之所以在美国很有效,是因为美国契约式的社会文化影响深远。而我们一方面有着本土式的商业文化,一方面又面临着巨大的市场诱惑,这种矛盾极容易使风险投资不成功,而成功的创业企业也折射出各种弊端。

风险投资进入电商平台,不断扩大电商规模,也不断地"烧钱"打价格战。此举吸引来的却只是价格敏感型的顾客和用户,根本没法培养出商业品牌忠诚度。而拿到风险投资的电商品牌,极易陷入疯狂作秀和社会化营销的亢奋,很难再有精力去顾及业务运营的内功修炼,只能通过营销导向来赌一把。

面对这些问题我们不难发现，风险投资是一把双刃剑。尤其对于国内的电子商务行业来说，几乎很少有电商创业者能有足够的定力去驾驭这把双刃剑。不管是做电商平台还是做网络商家，可依赖的应是自己的业务运营能力。通过精打细算和勤俭付出，来获取越来越好的业绩才是正路。业务运营得好，有正向的现金流，就不需要引入风险投资。风险投资实质上是一种补充，本应因帮助别人而获得尊敬。现在来看，风险投资反而暴露出一些操作性问题。

2009，礼崩乐坏

电商开始不赚钱了是在 2009 年前后。

全球格局上，祸起美国的金融危机迅速席卷全球，本来还不错的中国外贸出口迅速受挫，外贸商品只能转而寻求内销。另外，"后奥运效应"不可避免地会发生影响，为抵御金融危机保持经济增长，国家推出了"四万亿"的刺激计划。

对有网购条件的消费者来说，他们越来越倾向于网络购物。而这一年，阿里巴巴的天猫(原名"淘宝商城")开始大踏步地扩张，支付宝针对月交易额超 5000 元的店家收取服务费，雅虎直通车更名为淘宝直通车，大淘宝生态"免费午餐"时代基本结束。这一年，京东商城完成了第二轮融资，一批拿到风险投资的垂直电商平台开始疯狂投广告。不单是平台类电商，许多出身淘宝的"淘品牌"和"在线品牌"也拿到了投资，例如麦包包、韩都衣舍等。此外，融到资的还有电子商务上下游的服务商，例如做电商 ERP 的商派、做网络营销的亿玛、做代运营的宝尊。

在所有的电商平台中，除天猫等少数平台商盈利良好之外，垂直电商几乎全部亏损。连京东也是只在业务平台化战略上迈进，仅仅做到交易规模的扩增，盈利指标刻意保持为负值或定值。

2009 年对电子商务来说，是个不同寻常的年份。早几年，网友去当当网买书，去京东买 3C 产品，去红孩子①买母婴用品，去淘宝网淘各种便宜货。但是进

---

① 红孩子网上商城成立于 2004 年 3 月，是中国最大的孕婴妈妈安心购物网站，2012 年被苏宁以 6600 万美元并购。

入 2009 年之后,网友观念里的边界开始模糊了,各家电商网站都开始向主营以外的其他商品品类渗透。这就导致了各电商网站开始争抢上网用户,流量成了电商网站的硬通货。B2C 电商网站在成功融资之后,不是去完善运营等基础设施,而是打广告抢流量。

作为 C2C 主战场的淘宝网,绝大多数淘宝店都开始购买淘宝直通车,以点击付费的方式争抢淘宝网内的流量。另外,淘宝店主通过给淘宝客①佣金,付费获取淘宝网外的流量。再往后,专业的淘宝客开始搭建独立的平台,这些平台发展为专业的淘宝引流量网站,有的还进行了融资,例如美丽说、口袋购物等网站。

从 2009 年开始,因全球金融危机,外贸电子商务不赚钱了;因网站争抢眼球,垂直电商不赚钱了;因流量付费,网店不赚钱了。而天猫和淘宝网赚钱了,因为它们直接控制着流量;专业的引流网站和互联网广告服务商也赚钱了,因为它们间接控制着流量。此外,起源于草根的互联网推手,后来演变为话题营销"砖家"和草根大号的一些人(或松散的联盟)也赚钱了,他们实质上也是在"贩卖"流量。

流量成了电子商务的硬通货。没有流量,电商就没有生意。一方面,传统商家更多地"触网"拓展电子商务;另一方面,网购人群越来越多,但商家就是不赚钱。问题就出在互联网格局结构上,各种网购生态无法承载购物者注意力的高效分配。甚至电子商务行业越繁荣,商家越赚不到钱。这种结构性的问题很像我们的宏观经济,内需无法成为经济支柱,只能通过国家投资等方式刺激经济,或者单一地依靠房地产一条腿支撑。这种结构性的问题,需要在适当的时期和历史机遇下升级改良。

2009 年以后的中国电子商务行业,非常像中国历史上的东周末年春秋时期,出现了各种礼崩乐坏的现象。旧有的行业规则和约定俗成的东西不断地被废弃,电商平台的"价格战"不停上演,商家与电商平台的矛盾时有发生。而阳光的另一面,出现了网店刷信誉、职业敲诈等黑色利益链条。此外,跟春秋战国时期挺像的

---

① 淘宝客的推广是一种按成交计费的推广模式,淘宝客只要从淘宝客推广专区获取商品代码,任何买家经过其推广链接(个人网站、博客或者社区发的帖子)进入淘宝卖家店铺完成购买后,淘宝客都可得到由卖家支付的佣金。

是,也出现了"门客"、"说客"、"纵横家"等利益角色。同时,各种所谓的"大师"盛行,因为电子商务似乎很简单,开个淘宝网店就可以算电商,注册个社交网站账号就算是自媒体,貌似谁都可以做,谁都可以说几句。饥渴的商家不只迷信"大师",还迷信工具,精准营销的工具和提升复购率的工具采购来用上了,发现还是不赚钱。供应链不稳定的淘宝商家只好到处找货,低价的货源成了利润的保障,但低价一般又会带来商品的低质量。垂直电商平台方面,最优先的是到处砸广告找流量,电商职业经理人的脑袋都成了计算器,受职业 KPI 的束缚,飞快地计算出客单价、转化率、ROI 成了必备的技能。绝大多数垂直电商平台忽视了基础运营和内功修炼,一部分表面上成长迅速的品牌商家也因"虚胖"而快速死掉。

在 2009 年之前,基本没有"移动电子商务"这个说法,"移动互联网"也只是指一些大屏幕手机可以上 WAP 网站。2009 年新浪微博上线运营后,中国开始逐步进入移动互联网新时代,移动电子商务的起步也始于此。

新浪微博诞生后,迅速成为国内覆盖面最广、最有影响力的 SNS 平台。白领和学生不去开心网上抢车位,也不去 QQ 农场偷菜了,转而玩起了微博,吃饭前先用手机拍照"晒"微博成了潮流。2009 年年底,因微博的极速火爆,时任新浪 CEO 兼总裁的曹国伟先生被评选为"CCTV 中国经济年度人物"。

移动互联网新时代

每一个能开创新时代的科技变革,都要具备三个要素,分别是:设备、服务、用户(见图 1-3)。这对应于本书导论的"产品—服务—用户"模型。

在蒸汽机时代,产品是蒸汽火车或珍妮纺纱机,服务是铁路线、纺纱厂的运营,用户是火车乘客或工业品消费者;电气时代的产品是电灯或电话机,服务是发电输电厂、电话局的运营,用户是电气消费者;而到了信息时代,产品变成了电脑或智能手机,服务是互联网网站、网络运营商,而用户则是电子产品和互联网服务的消费者。

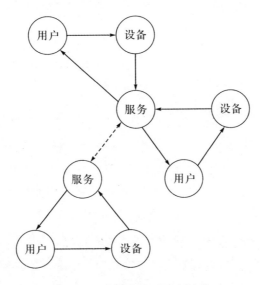

图 1-3　科技变革三要素关系

对移动互联网时代来讲,设备、服务、用户三要素分别是移动设备、APP①和人。

我们看到科技文章中讲"某某新时代"时,如果没有对这三个元素的完整描述,那这篇文章可能会不客观。为了使读者朋友能够更直观地了解移动互联网时代,请允许我现身说法,讲讲一位普通白领接触到的设备和服务。

我的第一部手机是 2001 年刚工作时购买的,性能质量不错。"三防",可以上WAP,支持 GPRS;屏幕大,是能显示 6 行中文的液晶屏幕。

这台手机我一直用到 2008 年。因为质量确实好,也没有换的理由,又没有丢失,所以用了七年。但手机的品牌商却在 2006 年倒闭了,品牌商德国的母公司将手机业务卖给了台湾一家公司。后来有人在论坛上调侃说,就因为该手机质量太好了,厂家才会倒闭。很多人指出,把手机质量做得这么好,买一个手机用五六年都不用换新的,应该学学别的厂商,让消费者学会一两年就换手机,起码让消费者有换的欲望。

————————

① APP,全称 Application,指应用软件,现在主要指代 iOS Mac、Android 等系统下的应用软件。

2004 年时,我买了一台 PDA(Personal Digital Assistant,个人数字助理)掌上电脑。不能上网,没有摄像头,可以听音乐,可以玩纸牌、扫雷等简单游戏。这台 PDA 主要用于日程记事、阅读电子书、与电脑相连同步公司邮件。偶尔用 USB 连接电脑上一下 MSN,因为极不方便就没再上过。

2006 年,我买了个 PSP,能连接 Wi-Fi,但也只是会上索尼游戏官网看一下资讯。用得最多的是与同事一同乘飞机时,可以互联组队玩几款火爆的游戏,以消耗飞行途中的时光。

2008 年,我终于换掉了老的手机,因为在微软工作的缘故,换了台 Windows Mobile 6 操作系统的旗舰手机。每天早晨醒了可以拿手机看一下新浪 WAP 网站的新闻或知名的博客,用手机 QQ 也方便了不少,有次还用这部手机在博客 WAP 网站上发了篇几百字的博客。但它最实用的功能还是开车时候的 GPS 导航。而在没有网络的环境下,还可以用 USB 连接电脑共享手机的移动网络。2008 年年初我在杭州出差,发现浙江东部的不少年轻"富二代"开始人手一部 iPhone。iPhone 的屏幕亮度、图标显示确实漂亮很多,但是还不能发彩信。下半年奥运会后,在微软中国公司乘电梯时,看到同事展示从美国新带回的 iPhone 3G,说就等联通 WCDMA 的开通了。因为没有 3G 手机卡,就只能在 Wi-Fi 网络环境下流畅地上网。又过了一年,iPhone 3GS 发布了,我也买了一部。

复制美国 Twitter 模式的新浪微博在 2009 年 8 月 28 日开始了内测,我收到了在新浪工作的朋友转来的邀请,一开始还是碍于情面才注册的。9 月 4 日,在电脑上发出了第一条微博,内容是:

> 这个东东不错,灵光一现的思路可以随时记录下来。
>
> (时间:2009-9-4 22:13 来自:新浪微博)

两天后的第二条微博,就是用手机发的,内容是:

> 走了五公里,有点蒙蒙的小秋雨,吃了份味道不错的炸酱面,公交车回家了。
>
> (时间:2009-9-6 22:06 来自:新浪微博手机版)

几天后,笔者发了第一条带图片的微博,内容是:

中午在××吃饭,发现饭店墙上挂着一幅挂毯,很好玩。

(时间:2009-9-9 12:19 来自:新浪微博手机版)

这天中午在餐馆吃饭,我是在等上菜的时候,用手机发出的这条微博。

一开始玩新浪微博的人还多是 IT 圈、互联网圈业内人士,很快媒体人、出版人也被吸引了进来,媒体圈加入微博大军后,他们特殊的专业特点一下子使微博热闹了起来。

2010 年元旦后的一天,我到中关村办事,碰巧遇上了第三极书局倒闭风波。供货书商群情激奋,几十家书商连夜收缴留存的图书,以抵未收回的书款。后来警方介入才控制了事态,但第三极书局已一片狼藉。我用手机发了几张现场照片到微博上,立刻引来了几位知名出版人的转发热议,直到第二天才有新闻刊登在传统门户网站上,然后才出现纸媒报纸的消息报道。第三极书局的倒闭没有特别的标志意义,在之前民营实体书店倒闭潮已经开始了,民营实体书店生存空间被网络虚拟书店挤压得越来越窄。

我经历的第三极书局倒闭风波过后没几天,著名财经作家吴晓波先生在自己的微博上玩了一次"秒杀"活动,内容是:

定个时间大家玩"秒杀"吧:2010 年 2 月 1 日 11 点零 8 分,我会在微博发一贴,跟帖前十名可得签名本《吴敬琏传》提出这个建议的是厦门的 *luorain* 同学,〖*luorain*:这活动真是开启微博秒杀先河.(1 月 31 日 16:17)〗,送你签名的《吴敬琏传》、《激荡》、《跌荡》和《大败局》一、二。

(时间:2010-2-1 10:43 来自:新浪微博)

那时候微博刚刚起步,微博中使用的还是"跟帖"这样的论坛词汇。随后三天里,吴晓波在微博做了三次秒杀赠书活动。幸运拿到书的朋友,在收到书后大多都拍了照片晒到微博。还有人将参加秒杀活动的号都关注为好友,因为他们觉得彼此会有共同的专业话题。

移动电子商务

我刚玩微博时,多是工作休息的间隙用电脑浏览一下微博,发几条随意的文字。很快就不怎么用电脑上微博了，而是用手机玩。iPhone 3GS 的使用体验很不错，配合联通 WCDMA 手机卡，访问互联网非常流畅，可以随时随地上网。

几乎是在新浪微博开始运营的同时，国内 3G 手机网络也开始兴起。用 3G 手机玩微博，成了年轻白领的时尚。这个热潮持续到 2011 年，这段时间内微博用户人群继续扩大，注册账号突破了 8 个亿，每天有 2 亿条微博消息产生。

这个时期，IT 圈开始有人玩一种叫"米聊"的手机应用，这个应用最大的特点是用户可以互相发送语音消息，除了流量费，几乎是完全免费的。米聊只流行了很短时间，就被腾讯的微信迅速取代。到 2012 年 3 月时，微信用户已经突破了 1 亿人。4 月，微信发布 4.0 版本，增加了类似 Path 和 Instagram 一样的相册功能，并且可以把相册分享到朋友圈。微信能给朋友发文字、图片、语音等消息，微信朋友圈的分享非常像一个"轻量级"的微博。2012 年 8 月，微信公众平台上线，这个平台最大的特点是可以向公众号的关注者推送图文消息。

与此同时，淘宝生态的"淘宝客"会为淘宝商品拉来顾客。最早的淘宝客是将淘宝商品链接发到论坛、QQ 群中，吸引人点击进入商品对应的淘宝页面。这个链接含有淘宝客的身份 ID，每次链接被点击后淘宝平台都会计算淘宝客的佣金。淘宝商品卖家提前将费用付给淘宝平台，淘宝平台定期为淘宝客支付佣金。有了微博以后，这些淘宝客链接被大量发布在微博里，有了微信以后又被大量发在微信朋友圈里。微博微信这一类的 SNS（Social Networking Services，社会化网络服务）应用便很快与电子商务产生了关联，这也使 SNS 应用的营销属性很快凸显。

但是问题也随之出现了：这种硬性商品广告很容易使 SNS 用户厌烦，用户反而对自己朋友"晒"的东西感兴趣。例如有朋友新收到淘宝快递，晒出了商品的照片，好友看着好就会来询问，觉得性价比合适就也去买了。我最早发的第二条微博，就有朋友打听我吃的是哪家的炸酱面，他们也想去尝尝。这些都在无意中给商家介绍了新的顾客。尤其是微博上的明星名人，他们微博上晒出的商品或餐厅更易激起粉丝尝试的欲望。

名人或者普通人在微博上各种"晒"，粉丝看到这些"晒"后就会有兴趣去购买，而刷微博的过程大多都是在手机上完成。他们在一些"碎片化"的时间里就把这些事情做了,比如乘车、排队、饭后散步时。但是手机流量毕竟是收费的,特别是 3G 网络刚刚开始运营的时候。幸运的是,以 iPhone 为代表的智能手机可以在手机数据网络与 Wi-Fi 无线网络间自由切换,有 Wi-Fi 网络的时候会优先使用 Wi-Fi 而减少 3G 流量的使用。许多人在选择餐厅、酒店的时候都会有一个选择标准:是否提供免费的 Wi-Fi。

　　除了手机,笔记本电脑一般都内置了无线网卡,可以简单地进行配置后通过 Wi-Fi 连接到互联网。数字电视(IPTV)、游戏机、各种数码产品都可以连接到 Wi-Fi。

　　我在 2009 年购置了一台 PS3 游戏机,通过 Wi-Fi 连接到索尼商店,可以绑定 VISA 信用卡直接下载付费游戏。2011 年买了一台 Xbox 360,最好玩的是网络登录到 Live 联机对战。常玩 Xbox 360 的朋友之间,自然会交换各自的 Live ID。2011 年我买了一台 iPad 2,在苹果商店下载的第一个应用就是新浪微博的 iPad 客户端。

　　到 2014 年年初,我常用的移动设备里包括三部手机、一台平板电脑、一部电子书阅读器,还有两台笔记本电脑。这些移动设备与办公室的 PC 工作站、无线打印机相连,又与家中的电视盒子、无线单反相机相连,连接都是通过 Wi-Fi。

　　现在的高档汽车,都配备了 Wi-Fi 功能。逐渐流行开来的谷歌眼镜、智能手表等可穿戴设备,基本都能通过 Wi-Fi 或者 3G/4G 接入互联网。有数据表明,能够接入互联网的消费类电子设备已经达到 50 亿部。技术设备和网络服务将人类推进到了移动互联网时代。

　　很多媒体空洞地在讲"移动互联网时代"这个词,人们自然会问:移动互联网时代跟我有什么关系?"时代"是一个泛化的概念,移动互联网的承载工具就是每个人手中的智能手机。智能手机的价格越来越便宜,以智能手机为代表的这些设备连接互联网变得越来越简单。使用这些设备在网上玩的花样越来越多,不仅能自己玩,还能与别人交流;不仅可交流的人群越来越大,还越来越方便。不只是玩和生活,连办公和协同工作都可以完全用智能手机来进行。这又促进了 IT 行业的大变革,很多 IT 工作者和互联网从业者开始转战移动互联网。很多网店都尝试在淘宝无线端卖货,很多电商品牌都做了移动商城 APP,很多电商业态都在往移动端侧重。据中国电子商务研究中心的数据显示,2012 年移动购物已经占国内网络购物市场的 7.22%。

如果说 2009 年是中国移动互联网的起步年,2013 年应是中国移动购物的元年。在此之前,通过智能手机或平板电脑等访问的购物网站,基本是 PC 网站的翻版直到 2013 年才真正打通了移动购物的全部闭环,标志就是移动支付环节的成熟。这一年微信发布的 5.0 版本内置了微信支付功能,支付宝 APP 升级为独立的支付宝钱包,用户、商家、快递服务商围绕着智能手机设备连接了起来(见图 1-4)。

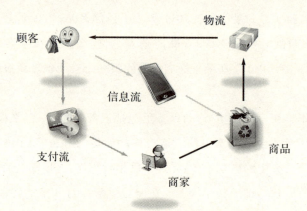

图 1-4　移动购物全景闭环

移动购物首先是信息流通过手机传递,物流采用传统电商快递,最后通的是移动支付流。成熟的移动支付还带来了互联网金融的繁荣。余额宝直接跟传统银行短兵相接,出现了 P2P 贷款平台,也催生了网络众筹业态。方便的手机支付,还将 O2O 模式快速发展的时间窗口打开了。

除了移动电子商务,通过 SNS 分享信息所促成的购物活动更加活跃。移动网络游戏、移动生活服务等方面同样繁荣。至此,美国学者阿尔文·托夫勒①所称的"第三次浪潮"全面进入了移动互联网新时代。

这是由一系列的技术换代和生态变革合力促成的新时代,在这样的一个文明发展大格局下,电子商务只是一个较窄的板块。传统的电商玩法已经不赚钱了,网络购物市场又持续增长。一方面移动互联网时代急剧繁荣,另一方面网络生态从业者越来越多。飞速成长的新公司取代大公司的步伐越来越快,其中风险投资却不一定会起到完全正面的作用。一方面是全球化浪潮,另一方面是中国特色的经济崛起。我们需要一种新的、靠谱的思维策略来应对这个有别于农业时代、工业时代的新时代。

---

① 阿尔文·托夫勒(Alvin Toffler),未来学大师、世界著名未来学家,当今最具影响力的社会思想家之一,出版有《未来的冲击》《第三次浪潮》《权力的转移》等未来三部曲,享誉全球,成为未来学巨擘,对当今社会思潮有广泛而深远的影响。

第 2 章

在微博上做生意

原始社会初期,人类为了生存而群居,群体的生产过程中没有分工。后来,随着劳动工具的升级,人的生产力不断得到提升,生产物有时会出现过剩,于是就出现了原始的交换。早期的生产物交换是偶然发生的,但渐渐变成了一种刻意的活动。

远古时代,受封于商(约今河南商丘)地的部落善于做交换。他们赶着牛马车游走于部落之间,主要做易货交易。中国历史上的商代,"商"字就源于此。

从目前国内的区域商贸格局上看,与电子商务结合最活跃的是三个地区:长三角(包括浙江中东部)、珠三角(包括福建南部)、环渤海并京津冀。这些地区在产品制造、内外贸易上都有着悠久的历史,形成了一定的区域优势,有些地方的线下商业因过于成功,反而还制约了线上电子商务的发展。

商业是一种刻意经营的活动,现代商业格局又充满了各种复杂因素。我们不妨找一找哪些商业现象最符合原始的商业形态,从中更容易得到启示。

源起于哥哥的吹牛

2013 年 3 月底,国内多省市爆出了 H7N9 型禽流感疫情,一时间民众谈"鸡"色变。但远在山东沂蒙山村的一位已当了妈妈的农村妹子(以下简称妹妹)却在互联网微博上卖出了几只老母鸡,并从此一发不可收拾,源源不断地有北京、天津、上海、杭州、南京等地的网友微博私信联系她,要买她的山村老母鸡炖汤喝。

这个山村在山东沂水的沙沟镇,位于沭河沙沟水库边上。小时候家庭收入有限不能供所有孩子上学,妹妹只上到初中一年级就退学了,而她的哥哥上了大学,在大城市从事技术方面的工作。在微博上卖老母鸡这事，就源起于她哥哥的一次"吹牛"。2013 年春节后，哥哥的北京同事在超市买了生鲜鸡，吃起来柴而无味，免不了有所抱怨。哥哥听到了，想起山东老家谁家炖鸡汤时，满村都能飘着浓厚的香味，便说自己老家的母鸡好，城市里根本吃不到。哥哥的同事是个吃货，总想找机会尝尝，央求他给买一只。

这可难为坏哥哥了。他的两个妹妹都已出嫁，大妹妹一家已经搬到临沂市生活，老家只有母亲还操持着种点庄稼。小妹妹家倒是离老家不远，但家中也没有多养蛋鸡。老家的老百姓都知道，只有养了三年的老母鸡炖鸡汤才是最好的。哥哥磨不开面子，便联系小妹妹，看看老家村里谁家有养了三年以上的老母鸡，如果人家愿意的话，就以农村集市的价格买一只。从他们村里骑轻便摩托车赶到沙沟镇上，就有快递公司了，可以寄送到北京。

哥哥轻易不麻烦家里亲人，所以妹妹听后很麻利地就从村里收到了只老母鸡。鸡是找到了，但寄送是个问题，快递公司可不能寄送活物啊。哥哥打电话跟妹妹商量，把鸡宰杀好，空血褪毛清洗干净后再寄快递。他们的母亲把收来的这只老母鸡杀好，妹妹按照家里炖老母鸡的工序褪毛清理，借邻居家做真空食品包装的机器，把鸡真空塑封好。然后将 3 个矿泉水瓶装满水冻成冰块，再用干净的棉花将冻成冰块的矿泉水瓶和塑封的鸡包起来，最后放入泡沫箱，外面套一个运输用的塑料编织麻袋，这样就可以走快递了。

这只鸡隔了一天便快递到了北京。哥哥的同事收到鸡后，按照哥哥的建议小火炖了足足 6 个小时，炖的时候满屋飘香，喝汤的时候味道鲜美，吃肉的时候一点都不柴。作为一个资深吃货，他每次吃到美食都要发到微博上晒一晒，享受了这餐美味后，怎能不去馋一馋微博上的朋友呢？于是他将炖好的鸡汤、鸡肉，甚至收到鸡时的包装、快递单等都拍了照片发到了微博上。这一发不要紧，他周围的吃货朋友都来问鸡是从哪儿买的。他经不住朋友的央求，便来联系哥哥，并建议：如果老家要有人愿意，就将这个做成生意。哥哥认为可以试试，妹夫外出在工地打工，妹妹在家除了庄稼地里的活、做做零工，就是带孩子。于是他便跟妹妹商量，妹妹没多想，还是按照给哥哥同事寄送的方法，给需要的朋友寄了老母鸡。

　　妹妹生活的小山村在革命老区沂蒙山,这儿的老百姓都吃自己家种的粮食和菜,习惯用土法榨油。农村人家也常有养猪做豆腐的,很多的农副产品几乎都能自给自足。老百姓家里还会养鸡、鸭、鹅,大多是用来产蛋。有谁家的媳妇儿怀孕了,或者谁家有人病了,一般都会杀只老母鸡炖汤补补身子。甚至有人感冒了,喝碗鸡汤好好睡一觉,第二天病就好了。

　　老百姓家里的鸡都是散养的,能跑能飞,漫山遍野找虫子和蚂蚱吃,常飞到树上,天黑了才回鸡窝,有的还睡在树上(见图 2-1)。早晨天蒙蒙亮的时候,公鸡打鸣了,村里人就将鸡群放出鸡窝。有的母鸡在鸡窝里下蛋,有的母鸡会在山野里找个固定的地方下蛋。

图 2-1　沂蒙山区放养的鸡飞在树上

　　沂蒙山地区大部分属于临沂市,北部沂水源头的沂源县属于淄博市。临沂的经济发展很快,地处京沪干线,交通的便利带动了区域经济的发展。以临沂市为中心的淮海经济区近十几年来发展迅速,商贸批发最有特色,当地有"南义乌,北临沂"之称。临沂市的货物,基本一天之间就可以到达国内绝大多数省会和一二线城市。临沂市的电商发展也比较快,沂蒙山里出特产,但从山区到临沂市的这"开头一公里"(跟电商物流的"最后一公里"对比而言)反而是个不小的制约。妹妹生活的那个山村,几乎还没有专门做电子商务的网店,只是偶尔有人在网上卖点山货或晒干的农产品。山区要想卖生鲜产品几乎不可能,原因就在这"开头一公里"——从山区运到临沂市就要2天,再花1天时间才能运到其他大城市,生鲜品在路上很容易坏掉。

从山区到市区的交通太不好,连像样的路都少,所以即使全国其他地方都能做"冷链"运输了,也难覆盖到这种地方。在这种地方,也难出现民间的电商,因为不但要面对运输等各种的麻烦,还很难赚到钱。但是,妹妹收来老母鸡没想着要赚钱,也没有当作生意来做,就是想着在北京的哥哥的朋友们想要吃老母鸡,那就好好地寄给人家。

没有支付宝咋办?

北京吃货圈的那几位朋友收到鸡后,炖汤吃肉,不亦乐乎。吃货圈的人多喜欢晒微博,这又吸引了他们的朋友,想尝尝沂蒙山的老母鸡到底是什么味道。

好多想来订购老母鸡的人都通过微博来联系哥哥,哥哥工作忙,不能天天泡在微博上,想起妹妹去年时用智能手机注册过微博,于是就请他们直接联系妹妹。妹妹于2012年7月注册了一个微博账号,但除了父亲去世、小孩做手术等重大事件会发个照片几个字记录一下心情外,很少发微博。农村的淳朴姑娘甚至在潜意识里会觉得:自己不懂,发字多了会被别人看笑话。

想订购老母鸡的朋友通过微博私信给妹妹留了地址。但支付却成了个问题,淘宝网和支付宝使用起来太复杂了,妹妹一时间无法将网上开店的那套流程都搞明白。但她觉得别人主动找上门来,就不能让人干等着,况且还是哥哥的朋友。于是她骑着小摩托车到邻近的村收老母鸡,用冻冰块包棉花的方法分别给人家快递去。先让人家吃好,再说钱的事儿。

收到鸡的朋友吃了鸡之后觉得太好吃了,但付钱还真成了麻烦事儿,有人说:

你没有支付宝,就给你银行卡转账吧。虽然这个问题对城市里的人来讲压根就不是事儿,但对遥远沂蒙山村的妹妹来说还真的是个问题。她们那儿就没几家主流的大银行,她自己只有当地农村信用社的银行卡。这种地方信用社,根本不可能出现在城里人转账的网银页面里。很是一番折腾,有人付了几次钱都被银行网关自动退单了。近些的沙沟镇也没有大银行,最后妹妹只能到更远的县城,在大银行办了张银行卡。

有网友看到吃过老母鸡的朋友发的微博,也私信来问,但定价又成了问题。在镇上集市,活的老母鸡价格大约 20 块钱一斤,冬天则需要 25 块钱一斤。一只老母鸡大约 3 斤或 3 斤半左右,到北京的运费大约 20～30 块。如果加上包装、处理等各种成本,算算成本也有 100 多块钱。该定多少钱好呢?妹妹来询问哥哥。哥哥一拍脑袋说:就 200 块钱一只吧。妹妹说:200 块好像不太好听,看电视上常这么说,太"二"了吧。哥哥又一拍脑袋:那就减个"二",198 块吧。于是有新订老母鸡的朋友,妹妹就开始收人家 198 元一只。每只老母鸡处理好后斤两都差不多,这样就不再称重卖,但收鸡的时候跟农户还是按重量算。

到农户家里收购农副产品,这个形式并不新颖。在 20 世纪 80 年代,不少县城还常有走街串巷用以物易物的方式交换物品的人,有的用锅饼换稻草,有的用日用品换羊毛,还有其他的各种交换。走街串巷的这些人,用锅饼换稻草的,就被称为"收稻草"。用日用品换羊毛的,就被称为"收羊毛"。著名小品演员郭达早期的作品《换大米》,就是用大米换面粉,通常一斤大米能换一斤半或两斤面粉。现在国内最大的小商品交易中心义乌市,就是从"鸡毛换糖"这种最原始的物货交换方式起步并发展起来的。走街串巷的小贩摇着拨浪鼓,以糖、草纸等低廉物品,换取居民家中的鸡毛等废品以获取微利。就是这种最原始的行为,在物资匮乏的年代带来了生机。在"极左"的时期,"鸡毛换糖"成为打击对象,被称为"投机倒把"。但改革开放以后,却被尊为实干精神,其历史地位被高度肯定。现在北京、上海等一线的城市里,在一些生活小区还能偶尔看到推着自行车,敲着一串铁,吆喝着"磨剪子嘞,戗菜刀"的人,就是经济匮乏年代遗留下来的产物。

不用说 20 世纪 80 年代,即使在进入 2000 年,互联网已在中国普及后,人们都想象不到互联网竟然能跟走街串巷收购农副产品结合到一起。

"三年老母鸡"

从妹妹这儿订老母鸡的人很快超出了北京,上海、深圳等地也有人在微博上询问。妹妹不知道快递送到各地需要几天,于是还是请哥哥出主意。哥哥想:这好办,就先给那个城市的朋友快递去一只,测试路上需要几天。如果速度还可以,就给订的顾客发货;如果冰块都化掉了,那就不能往这个城市送。试验结果发现,除了到北京和周边的城市没问题,到沪宁杭基本也能隔一天就到,但到广东需要更长时间,加上气温高,广东配送起来就比较困难。后来还有内蒙古、东北的顾客来询问,也没能答应下来。

微博上问的人多了,妹妹就把微博名字改成了"沂蒙山老母鸡"。发快递的时候,妹妹用一张纸写清楚鸡的炖法,建议如果吃得好,就发微博@(提醒)她。有朋友发微博后,她便转发过来,这么一来新顾客不用打听很容易就找到她了。新的顾客将地址私信给她,她累积了一天的订单后就骑小摩托车去村里或附近的村收母鸡,一般快天黑的时候鸡要回鸡窝,这个时候村民好抓,白天反而还抓不到。当天晚上回来后,妹妹就直接将鸡放到母亲家,第二天一早母亲杀好鸡,她来褪毛处理,并采购了食品塑封的机器,还找供货商订做了泡沫箱等包装用品。

养鸡场的蛋鸡一年就会换一茬,淘汰下来的鸡一般深埋、焚烧或做成肥料,这种鸡是不能吃的。在沂蒙山,什么样子的鸡好吃,是经过了数百年老百姓的亲身实践积累出的经验。土鸡放养时间短了没什么味道,经不住炖,而时间太长的不能吃,按老百姓的说法是会有毒素,只有散养三年、正常产蛋的老母鸡炖汤是最好的。这时,民间的老百姓起到了"产品经理"的作用。

微博一下子将人的距离拉近了,经常有人询问:你们的"沂蒙山老母鸡"跟"肥西老母鸡"有什么不同啊?你们家的鸡跟其他家的有什么区别?这个解释起来挺费劲,每次妹妹都得解释养了三年的老母鸡是最好的,有时还得解释沂蒙山在哪儿。解释得多了，她干脆将微博名字改成了"三年老母鸡"，这一改反而易懂，别人一看就能清楚其基本的定位。

沂蒙山的沙沟镇有两万多户人家，基本上家家都会自己散养蛋鸡，多的能养到十几只甚至几十只。三年老母鸡"货源"充足，生意就这样做起来了。

每次将处理好的老母鸡打包发快递的时候，泡沫箱中还有空间，妹妹就会放进去一些炖老母鸡的调料，还把自家种的青菜放在里面送顾客。有啥放啥，摘下芸豆就放芸豆，摘下苦瓜就放苦瓜，有时候放茄子，有时候放韭菜，有时候放葫芦，有时候放冬瓜。这些菜平时就是自家种自家吃，不打农药也不施化肥。这也是农村人家的习惯，谁家自留地摘下的东西给邻居家送点非常正常。

当然也有刻意的时候，比如一位买了很多次老母鸡的顾客，妹妹就随快递送了一小瓶自己家榨的花生油。在快递去的纸上特别写明了："对了，给您放了一小瓶自己家榨的花生油，瓶子是干净的，水是倒出来的，没用嘴喝过，放心食用。"这种写法自然地体现出农村的风土人情，当地的人讲究礼貌，很在乎卫生，也很在乎人情。在城市生活久了的人，很难能有这样的体会。

渐渐地，随快递打包贴在盒子上的这张纸，妹妹也开始讲究了起来。农村可没有打印纸，她用的是学生数学作业本。妹妹每次都手写上一些注意事项，除了鸡的炖法，还会写上放入冰箱的哪一格容易保鲜。有几次纸上的文字写好了，还没往盒子上贴，被妹妹的儿子拿去用彩笔在空白处画了幅画。妹妹发现儿子的画放在文字的周边还挺协调，于是就这么贴到盒子上了。收到这种快递的顾客也觉得好玩，拍了照片也一块发到微博上了。这不经意的小画，让顾客感觉淳朴自然，传递出一种非常温暖的能量（见图2-2）。再往后写这张纸的顺序就反了过来：妹妹的儿子先画画，空出空白的地方，妹妹再往上面写字。画画的习惯就这样保留下来了，有时候儿子去上学了，妹妹就自己画一幅。妹妹虽然只上了一年初中，但画画还挺好，她儿子的画画主要也是她教的。有的顾客觉得她卖的鸡不错，人也很真诚，还专门给她寄去了画画的工具。这已经不是单纯在做生意了，而成了朋友间的来往互动。

图 2-2　快递包装上的手绘画①

　　顾客的需求是不一样的,有的要鸡头,有的鸡头、鸡爪、内脏都不要。妹妹就找了个小本,除了记下顾客的联系电话、快递地址,还把顾客的这些特殊要求都记下来(见图 2-3)。

图 2-3　用于记录顾客信息的小本子②

　　妹妹在微博上卖老母鸡,一个多月工夫就卖出去了七八十只,交易额两万多元。这是对于乡村小镇的妹妹来说无疑是一笔不小的收入。客户中,在央视体育频道做记者的一位顾客一个人就购买了二十多只,除了自己吃,有些送给了同事和朋友。快过端午节了,妹妹家杀了一只羊,就给购买老母鸡最多的五名顾客,每人寄去了四斤羊肉。其他订购的顾客,也随老母鸡多送了些农产品作为过节礼物。

　　① 图摘自新浪微博:http://weibo.com/1219665395/Aa8tNDAkG。
　　② 图片为作者走访"三年老母鸡"时拍摄。

　　问题是怎么通知这些顾客呢？最好还是通过微博。但妹妹发过的微博里，超过十个字的就不多，只能再来求助哥哥，通知顾客注意收羊肉的这条微博是哥哥代写的。只写文字挺干巴，哥哥就用画图软件把五位顾客的微博头像贴过来，做了个排行榜。这么一做，还挺像是答谢客户的活动。

　　许多顾客跟妹妹都成了朋友，时令季节到了，有的顾客从南方给她寄来了整箱的荔枝；有的顾客有扭伤和骨伤，妹妹就寄去蛇皮，教人家用白醋泡后冷敷。顾客喜欢"三只老母鸡"，根源还是在于产品好。有活泼的未婚女顾客吃了老母鸡后，感觉不错，就在微博上写道："先是被专业的保鲜包装惊呆了，赶紧剁了半只炖好，怎么才能形容到有多么美味呢？？ 就是喝到嘴里的瞬间就好想要嫁给养鸡农户家的傻儿子哟！"妹妹看到了，觉得好玩，就回复："哈哈，俺家有儿子，但太小。"与客人的亲切沟通令"三年老母鸡"越来越有人气。

　　再后来，有的顾客是专门搞绘画设计的，还随手将老公炖汤和喂小宝宝喝汤的过程画了下来，这些画一放到微博上，又吸引了不少网友。

图 2-4　顾客画的小漫画①

① 漫画引自新浪微博：http://weibo.com/1850953170/A7jrzAk53。

先吃再付钱

从微博上发私信来买老母鸡的顾客越来越多,而妹妹在处理鸡的手法上却越来越细心,农村人最懂得口碑来之不易,维护好名声比赚钱还要重要。刚开始时妹妹去鸡毛都是用煤气烧,但煤气多少会留味儿,于是就改用柴火烧。但用火烧总会留下一些不干净的毛囊,妹妹就用镊子一根一根地拔。很多口味敏感的顾客炖汤时甚至能喝得出其中的差别。

妹妹在附近的村子收鸡,也渐渐出了名。农户家里有三年的老母鸡想出手的,就打电话联系她去收。养到两年多的,就让妹妹记着,到三年的时候就可以去收了。为了方便辨认,妹妹还从大集市上买到了给家禽脚上套的 PVC 环,戴一年基本没问题,这样到时候收鸡就容易辨认了。妹妹收鸡也有条件:鸡必须是健康的,而且越能闹腾的越好。看上去精神不好的鸡她不收。她在自己的小摩托车后座上绑上一个自制的笼子,收到的鸡就放到里面,带回家后第二天由她母亲宰杀。如果看鸡内脏有病变或鸡血颜色不对,就找菜地埋掉。有次快递公司出了问题,延误了四天才把鸡送到,妹妹就在微博上告诉客户把鸡扔掉,她又重新给客户寄去了一只。

"先吃再付钱"的方式,一直保留了下来。随着买卖越来越多,哥哥担心如果有人吃了不给钱赖账咋办。妹妹就说:哪儿有那么多坏人啊,真有赖的就当家里有鸡被黄鼠狼叼走了。神奇的是,几百多只鸡卖出去了,却从没有发生吃了鸡不付钱的情况。后来在北京的哥哥也感慨,这在大城市几乎是不可能的,但人就是这样,你先将信任给予了客户,客户其实会很珍惜这种信任。"先吃再付钱"成了"三只老母鸡"的特色,许多顾客在微博上说第一次见这么做生意的。有位顾客吃了后就出差了,手头没有装网银的电脑不能转账,在外地还专门跑银行去给妹妹汇了钱。他觉得,别人信任我,我就不能食言。人际交往的能量守恒规则就是这样奇妙,给别人信任,别人也会回馈信任。更有几位订量多的顾客,一次性往妹妹的银行卡里汇进了几千元,告诉妹妹每次从里面扣吧,不够了他们就再充。

有新的顾客在微博上什么也不问就私信留地址,后来妹妹才知道是老客户介绍的。妹妹还找到了一个辨别是谁介绍的办法,就是到他的微博关注里,看看是不是有老客户的名字。如果有,一般情况下就是这位老客户给介绍的。新客户、老客户自然都关注了"三年老母鸡",赶上中秋、国庆的时候,妹妹都会在微博上给关注者发一条祝节日快乐的消息,收到的朋友也会回复她。

互联网的透明、口碑传播的快捷,很快使"三年老母鸡"生意兴隆起来。甚至还有专门做农产品的淘宝店主,跑微博上来请教妹妹怎么做生意。

其实,做生意哪儿有那么难。认真、踏实、不懒惰、诚信经营,做到这些就足够了。

电子商务原生态

2012 年"CCTV 中国经济年度人物"颁奖揭晓典礼上,马云与王健林曾就电商是否超过网络零售打了个 1 亿元的赌。这个赌约是个伪命题,因为输赢的标准是没法界定的。电子商务基础的"三流"分别是信息流、支付流、物流,如果将商品信息是在网络上传递的都算为电商,那么马云很容易就胜出了。从经济发展上看,未来十年内"电子商务"这样的词汇必然要消失,人们不会再区分什么是电子商务、什么是传统商务,因为这种划分意义已经不大。对商业人和经济学家来说,问题是经济商业如何使用线上、线下工具去实现持续发展。

"三年老母鸡"是无意中做起来的一个生意,还形成了一定的品牌效应。我们不妨再用互联网商业模式的理论来分析一下这个案例。

第一,产品。"三年老母鸡"的产品有非常清晰的定位,就是沂蒙山散养三年的老母鸡。产品质量可靠,因为沂蒙山区污染少。从农户家收鸡的时候,卖家还会进行筛选。杀鸡的时候,发现有问题会立即淘汰,这相当于有严格的产品质检环节。

第二,供应链。主要方式是到农户家里收购。今天顾客在微博上下了订单,卖家在当天就会跟农户联系好,第二天现去抓了鸡来处理并邮寄,这相当于零库存,不压货。在未到三年的老母鸡脚上套个标示的 PVC 环,也算是供应链端的库存管理。农户天然散养的环境,饲料、养殖、防疫的风险也都没有了。专门养肉鸡的养殖场受经营压力的制约没法把母鸡养到三年那么长时间,"三年老母鸡"从农户家收鸡的时候有收购价格的优势,以高于集市卖价的收购价向农户收鸡,农户自然乐意卖给妹妹。

第三,支付。"先吃再付钱"的方式,虽然逻辑上存在交易风险,但从关系的信任守恒规律上看,并不会吃亏。事实上也从未发生过顾客赖账的事。另外,银行卡直接转账,还避免了支付宝账期这样的麻烦。

第四,客户关系管理(CRM)。妹妹用手写的小本子记录了顾客需求信息,还关联到顾客的微博,在需要的时候能挖掘出更多的信息。另外,过节假期在微博上的主动问候,很好地维护了客户热度。赶上端午节,为买母鸡多的顾客寄送新鲜的羊肉,这就是大客户的答谢活动。常客预先往妹妹的银行卡里充几千元,这相当于预付和月结。客户的等级,自然就区分开了。

第五,营销。主要靠口碑传播。"三年老母鸡"没有投入任何广告费用,在传播上也没有任何投入。只有妹妹的儿子随快递画的画,被顾客拍照分享到微博后,起到了一点形象宣传的作用。其实,好产品就是最好的营销。不好的营销也会有人愿意尝试,但产品不好会将营销的能量完全转变为破坏力。

第六,时代背景。人们越来越重视生活质量,生活产品越来越重视健康、有机。在这个大背景下,时代的需求变了,人观念中的价值观也在变化。以前认为机械化大生产和流水线出来的产品质量高,现在流水线上的产品太多,反而认为手工的东西更好,农村的绿色产品成了好东西。从微博上买"三年老母鸡"的顾客,绝大多数都是 30~35 岁的主妇。198 元一只鸡的价格虽不便宜,但她们有消费能力,能接受。另外,她们的生活和饮食经验比较丰富,能够敏感地区分出超市买的养殖鸡跟土鸡在口感上的差别。

第七,其他方面。"三年老母鸡"没有做淘宝店,主要原因是对妹妹来说太麻烦,但这样反而避免了淘宝推广费的投入。没有用支付宝,而是采用与诚信质押相反的一种模式,先将信任寄存于顾客,赢得了顾客的信任,促进了与顾客互动的"强关系"的形成。收鸡、处理、打包,这些都完全由妹妹和她母亲自己做,个人良好的人品保障了产品质量。

这个案例可以用本书导言中的"产品—服务—用户"模型阐释。以上七条中,第二条——加工好的农户家老母鸡是产品;第四条——细心地照顾顾客是服务;第六条——合适的顾客是用户。关键的三要素,决定了这个生意模式能运转起来。

自主自在的生意模式

"三年老母鸡"发展很快,这个案例故事跟踪了大半年后,基本梳理成形时,妹妹通过提高收鸡效率,已经基本做到每只鸡利润约百元。生意好的时候一天能卖七八只鸡,差的时候一天也有两三只。到了冬天,每天都能发七八只以上,但忙不过来就得雇人帮忙杀鸡,利润就低多了。2013 年年底,有位叫"麻宁"的网友在微博上订购了"三年老母鸡"的一只鸡。发微博后,"麻宁"的朋友"ayawawa"也跟着买了一只。"ayawawa"是网络名人,有百万微博粉丝,鸡汤照片发出后又给妹妹带去了不少新订单。口碑营销让妹妹的生意越来越好。

妹妹越做越有经验,收鸡上有了优势,她和老公还买了一辆农用车,专门翻山越岭到农户家收鸡。处理鸡的效率也提高了,卖出鸡的质量也更好,顾客收到后基本清水一冲洗就可以下锅炖。接着,妹妹也学着开始用支付宝;后来因受别的商家质疑,就请哥哥做了个辨别三年老母鸡的教程置顶,有些专卖农产品的商家会盯着她的微博,看有谁回复就发广告文字过去。至此,微博上的"三年老母鸡"已经足够称得上是个生意模式了。

做大做好后,自然就想到要扩大规模。按照沂蒙山沙沟镇的农户规模,以目前的销量持续地供应三年生的老母鸡问题不大,但规模再扩大就会出现问题。哥哥曾帮妹妹考虑过,除了卖老母鸡可以再试试卖土鸡蛋。网络上售卖的土鸡蛋均价是 1.80 元一个,一般 30 个起包邮。是在沂蒙山沙沟镇,土鸡蛋收购均价是

1.20 元一个,这样 1 个土鸡蛋有 6 毛钱的利润,但包邮后基本就不赚钱了,除非有很大的规模。

从另外一个方面看,现在对原生态老母鸡的市场需求还是很大。除了现在能送到的几个大城市,更多的省份和二级以下城市还是因为快递时间太久,难以确保老母鸡的新鲜而不能卖。尤其是煲汤文化比较盛行的广东基本不能派送。如果电商市场的生鲜物流配送非常成熟后,这些倒是可以考虑进一步去做。货源上看,除了沙沟镇的两万户农户,附近的乡镇甚至整个沂蒙山区都是潜在货源。

读者朋友看到这儿可能会有疑问,这不是在书中公然为"三年老母鸡"做营销吗?

但事实上,如今还有什么案例值得花这么多的人力和资源配备去为其"背书"呢?媒体从业者都知道,现在网络等媒体文章一般只有 1～2 天的时效性,还不如文娱八卦的时效长。其实,我在一年多的时间里调研过几百家企业或生意模式,真能够作为时代性典型拿出来解构并得到些有用启示的,十家中不足一家。

事实上,本书讲的"三年老母鸡"以及后面提到的故事和案例,他们原生态的"自营销"能力不但很强,甚至可以输出。例如,通过他们积累的"自营销"渠道和信誉为别的商家卖东西。他们根本不需要外部营销力量的帮助,"他营销"起不到加持的作用,反而可能有害。我曾访谈过一位记者出身的小生意人,他根本不愿在书中提及他的生意,他太了解传播的"双刃性"了。或许,"他营销"已不是时代新商业的特点。

这里需要预先说明一个问题,那就是:在本书所有的商业故事和案例中,都有不可复制性。"产品—服务—用户"中,三要素都难以复制,而且案例中的模式也在不断发生变化。这是由移动互联网时代特点决定的。甚至有一种可能,在读者朋友阅读这段文字的时候,"三年老母鸡"已经不存在了或者已经不做老母鸡生意了,可能改做别的农副产品,或者转做其他实体生意去了。这也是我们面临的新的时代特点:自由、自主、自在,自主做商业。

当然,还会有朋友疑问:"三年老母鸡"没法进行更大的营销,不能融资,不能……停! 谁定义的商业必须要走概念、融资、上市这样的路子? 商人有什么义务必须要照那个路子去做? 商人拼命地干,到底为了什么? 已经打拼多年的商人,得到了什么?

面对充满不确定性的时代,自在是种能力。

第 3 章

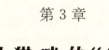

一只猫咪的"带盐"

现代人正在遭遇很多的社会问题。工作节奏越来越快,生活压力越来越大,周围的自然环境又在持续恶化,雾霾、水污染、土地滥用……所有这些都使人不快乐。而另一面,许多人又唯利是图、浮躁奢靡,缺失责任感,没有积极的价值观。

人类文明恰恰在于能拿出自我校正的办法。西方发达国家遇到这些问题比中国要早,20 世纪末,美国社会学者保罗·瑞恩(Paul H. Ray)就提出了"乐活"的概念。他带领助手们潜心研究十五年,在他的书中出现了一个新的单词"LOHAS",是英文"life styles of health and sustainability"的简称,直译为"健康永续的生活方式"。

一位做乐活杂志的出版人,在纸媒不知道会驶往何方的背景下,开了一个线上线下的生活方式体验店。有意思的是,体验店的形象大使竟然是只漂亮的猫咪。

乐活理念与纸媒何处去

保罗·瑞恩在 1998 年提出的 LOHAS 生活方式,主要针对人类"健康衰退、心灵空虚、关系疏远、资源紧缺"等时代问题。这是一种贴近生活本源,自然、健康、精致的生活态度。这一理念使人重视健康、关爱环境,在消费时以健康、环保、时尚、有机、天然、绿色为理念。这种理念透着深深的现代文化内涵,而在文化内涵的背后,又是一种健康快乐的生活价值观。

进入 21 世纪以后,欧美发达国家逐步开始研究与乐活相关的议题,有了各种研讨会和定期论坛,也形成了一定规模的"乐活经济"。在 2006 年美国召开的第十届 LOHAS 论坛上,学者统计有三成的美国人是乐活一族,直接市场产值约有2000 多亿美元。而如果把延伸产业统计在一起,这将是一个 4500 亿美元的超级消费市场。

乐活理念在中国的发展要稍晚几年,直到 2009 年左右,国内一线城市才形成了极为小众的乐活族群。"乐活族"典型的标签是有机食品、持续经济、传统医疗、个人成长、生态旅游,他们需要圈子交流,更需要文化载体的指引。国内现代传播旗下的乐活杂志就是在这个背景下出现的,与此同时美国约有四十本杂志针对这一市场,日本也有十几本针对性的杂志。

中国人口基数巨大,以经济为主导的国力处于持续上升态势,中国还拥有数千年的文化软实力。这些大因素的另一端,就是有着亟待解决的中国人个体微观上的各种身心问题,例如养生的需求、精神的放松、为后代留下好的环境。这些个体微观诉求不能完全依靠国家政府来解决,在真正健康的理念和群体力量形成前,也出现了一些因病急乱投医而投出的"大师"。

如果仅从食品方面看,转基因、一年多季、化肥和农药滥用这些都会对人的身心造成困扰。以营销力量导向而诞生出的有机食品概念,竟然在短短几年内也被炒滥了,很多人花高价买有机食品,吃着还是不放心,即使食品没问题,人还是不快乐。高价买有机或进口食品可能会产生短暂的优越感,但这种优越感很快就会消失。快乐需要一整套的生活理念,况且中国人在购买高价食品时,支付的费用远高于产品应有的价值。

解决时代人的身心灵问题,已经不能只靠买到某件商品、去某地旅游或者参加某种培训就能解决。人的快乐问题,需要一个整体的解决方案,这个整体方案又得与时俱进,能随时代的发展而生长演变。

仅从生活理念国际大格局上看,欧美先进国家比较认同的乐活理念将会在中国拥有更大的发展空间。

小网站与小小体验店

在 2011 年 7 月的一天，一个叫乐活良品的 B2C 网站悄然上线了。在相当长的一段时间内，很少有人关注到这个小网站。但一部分认同乐活理念的新锐城市人，还是能够找到这个网站，买到符合他们理念的商品。

这个网站的主人叫虞萍，她是现代传播的高管，熟知的朋友都叫她 Jane。她认同乐活的生活态度，也是国内推动乐活理念的标杆性人物。但当时 Jane 有个更大的光环——她作为创始人的《iWeekly》高速成长并成为国内最赚钱的电子杂志。《iWeekly》在 2012 年收入 3000 万元，利润达 1000 万元。要知道，同样在这一年，默多克旗下的 iPad 电子报《The Daily》运营不到两年就宣布倒闭裁员。

2009 年是中国移动互联网的起步年，以 iPhone 为首的各种智能手机开始普及，3G 网络真正普及商用，各种手机应用越来越多，随后又出现了各种平板电脑。随后的几年里，互联网新媒体开始逐步蚕食纸媒市场。在美国，1933 年创刊的《新闻周刊》在 2012 年的最后一天停止了印刷版的销售，以后只出网络版。在此之前，拥有百年历史的《基督教科学箴言报》早已于 2009 年停止了纸质版的出版。在美国高度市场化的媒体行业，传统媒体面临订户减少、广告锐减的残酷现状，越来越多的传统媒体开始申请破产保护。2013 年 8 月，亚马逊公司创始人贝佐斯还以个人名义买下了老牌的《华盛顿邮报》。同样的情况在欧洲尤其。德、法、英、西等国家的老牌纸媒纷纷在与数字媒体的 PK 中败下阵来。

而在国内，纸媒的大衰退是从 2012 年开始的。正是这一年，智能手机大规模普及，人们开始习惯手机阅读，也很快习惯了从微博等社会化 APP 中获取资讯。在网络免费信息唾手可得的情况下，纸媒的付费阅读日益不受读者待见。2014 年 1 月 1 日，上海的《新闻晚报》正式停刊。伴随一代人成长的《家用电脑与游戏》也于 2013 年年底停刊。传统媒体在移动互联网时代如何转型，成了一个非常急迫的课题。

Jane 是上海人，她从奥美文案做起，在多家外资广告公司工作多年。她还做过 LV、瑞表、欧莱雅等奢侈品牌的中国区市场负责人。2007 年,Jane 成为现代传播集团旗下《优家画报》的创刊出版人,这个时候现代传播的另一本杂志《LOHAS 乐活·健康时尚》(简称乐活杂志)因太过窄众而濒临停刊。热爱生活和环保的 Jane 自告奋勇做起了乐活杂志的出版人,凭借她对精英品牌的认知和行业人脉,乐活杂志当年的业绩收入就突破了 1000 万元。就是在做这份杂志的过程中,Jane 更深入地认识了这种生活态度,她带领乐活杂志共同承办了第三届中国乐活论坛。Jane 还作为乐活领袖级的嘉宾,在中央电视台和多家媒体做访谈节目。

在传播乐活理念的过程中,经常有人问:你们讲的那些商品在哪儿能买到呢?受到很多乐活实践者的建议,Jane 自己投资做了乐活良品。除了乐活良品网站,还在上海的嘉善老市建了个小小体验店。

媒体延伸的实践

Jane 拥有中欧商学院 MBA 学位,在做杂志出版人期间,她对纸媒的转型有自己的想法。一方面 Jane 带领《iWeekly》做出了不俗的业绩,另一方面她也意识到新媒体的更大挑战还远没有到来。她曾在蓝狮子媒体论坛上讲到:纸媒衰退不可逆转,传统媒体的内容生产方式和广告商业模式衰退后,大众媒体会消失,分众媒体转向特定人群的一站式服务,应通过提供综合服务而获取收益。

按照她的判断,生活类新媒体将更多地转型为生活方式导购,资讯类媒体需要打造社区资源,新媒体会针对特定人群进行营销。她在现代传播就职时,曾就这样的想法跟集团老板聊过。按照 Jane 的设想,艺术界杂志延伸虚拟画廊代理艺术家,新视线杂志(像 kickstarter,美国创意众筹网站)做创意商品的平台,这需要完全改变杂志广告"超市贩卖"的模式。但是一支规模庞大的媒体舰队转型不易,在客观现实下,Jane 只能以一己之力延伸了喜欢的乐活杂志,于是有了她兼职打造的乐活良品。

上海嘉善老市的乐活良品体验店被定义为乐活理念的体验馆。嘉善老市本来就是旧厂房改造,这儿汇集了 Loft 工作室、咖啡店和西餐厅,每周六在窄窄的中庭还有个"洋集市",摆摊的全是老外。因为太喜欢这里的环境,Jane 便早早地租下了这儿的店面。这个体验馆并不大,是个大开间,挑高很高。体验馆中间由高高的货柜隔开,便形成了"前店后办公室"的格局。在前店部分的装修上,Jane 与她的小伙伴们花足了心思。采光很好,大大的吧台,开放式的精致货架,落地窗外是可以放得下餐桌和花坛的木制阳台。体验店的摆设陈列错落有致,最大可能地兼顾了乐活和环保的理念。很多乐活人士通过网络和媒体报告慕名而来,他们在这儿可以触摸感知 Jane 和同事们精心挑选来的乐活商品。

最早的乐活良品电脑版网站主要用于传递乐活信息,基于苹果手机的 APP 版反而更被熟知,因为乐活族潜在人群中使用 iPhone/iPad 的人较多。早期的乐活良品 APP 是找外包技术团队来做,沟通协调各种问题层出不穷。经过一番折腾后,Jane 在日本找到了一个中国留学生做技术合伙人。这个技术合伙人带领的团队在日本开发了许多优秀的 APP,上过 APP Store 电视广告的推荐,并进入了免费及收费畅销应用排行榜,具有"专业＋讲究"的基因。随即乐活良品很快在国内组建了技术团队。在团队的协作努力下,上线了乐活良品新 APP,改版了电脑版网站,还开发了微信购物商城。

2013 年春天的时候,离开媒体高管职位的 Jane 将全部精力都放到了乐活良品的创业上。她认为,创业使人生更丰富,能激发自己的学习动力,保持成长,因为成长就不会衰败。连为她做体检评估的老医生都连声称赞她年轻,生理年龄比实际年龄年轻八岁。在 Jane 看来,开心第一,健康第二,工作和事业不在于能拼,而在于会工作。作为一枚游历过 4A 广告公司、奢侈品、时尚传媒等行业的高级经理人,将工作生活把握的如此圆融者,少之又少。分析秘诀,归于心态。这种心态,就是乐活。

手机商城更像电子杂志

对于乐活理念有很多的解读,美国有美国人的说法,中国人也有自己的说法,每种说法都是一大堆的"条文",初看上去会让人望而却步。乐活良品真正发展起来的基石,就是 Jane 将乐活注解为"健康身体、轻松心态、美好感觉"这三个关键词。化繁就简,受众更容易接受"乐活"的概念。

有了这三块基石,乐活良品公司内外的所有事情都有了清晰的愿景。

在商品的供应链上,乐活良品采取买手制。乐活良品最大的买手就是 Jane 自己,此外还有专门的采买总监和买手小组。现代社会商品繁多,资讯方便,但能找到符合乐活理念的商品并不容易。国外的咖啡、国内的茶、有机的粮米、天然的蜂蜜、各种吃穿住用的生活用品,他们都会到原产区采样,反复讨论研究,他们得找到这件商品能够承载的乐活品质。而一旦确定,除了季令性的产品,大多数产品都会进行长线售卖。确定成为售卖的商品,一般都由乐活良品贴牌,部分品牌商品他们将买断代理权。

商品中最具代表性的是"SIWA·纸和"。这是日本著名产品设计师深泽直人和有着 500 多年和纸制造历史的日本山梨县大直株式会社共同研发设计的品牌,采用新型和纸材质生产生活用品。新的和纸制造工艺,保留了和纸自重轻的特性,能经受住 10 公斤的撕扯,并且不怕水,可以做成各式包包、衣服、帽子、拖鞋以及各式家居用品,让和纸进入现代人的生活。"SIWA"在日文中是皱纹的意思,品牌社长曾解释道:商品生产的过程并不是在出厂的那一刻就停止了,使用者在使用商品的过程中与商品产生互动,在商品上留下的每一条皱纹都记录了岁月的痕迹。Jane 还是乐活杂志出版人的时候遇到了"SIWA·纸和",她想拿到这个品牌在中国的代理权,但品牌现任社长不认为他们在中国有合适的顾客。Jane 去日本多次,持续跑了一年,每次去都跟这位老社长聊生活理念,慢慢地老社长对中国市场的印象有了改变,最后终于认可了中国并将代理权签给了乐活良品。

Jane 的"买手制"不同于一般零售业的商品采购,买手还得兼顾商品对顾客的呈现,采买商品时就要考虑要用怎样的文案传递给顾客。在这方面,Jane 的公司拥有天然的优质基因,她有数十年的市场和媒体经验,这种经验磨砺出的审美与文化可以快速地复制给团队。

Jane 的团队有四条线的商品买手,他们同时也是四位策划编辑,他们的职能就是"发现健康、轻松、美好事物的线索"①。收录了有价值的商品后,他们会制作相应的营销内容。内容绝大多数以图文的方式呈现,会详尽地展现每种商品所饱含的乐活理念。这些图文内容确认复核后,将进入内容运营,通过微博、微信、豆瓣、微淘等线上平台推送给网络上的受众。随着网络科技的发展,他们还不断地拓展和尝试新的线上渠道,例如通过多看(国内一家电子书平台)将制作的内容集结成电子杂志的方式放出,多看平台的用户可以免费下载,在电子书里除了图文内容,末尾也有一个很干净的商品链接,可以直接导航到乐活网站下单购买产品。乐活的 PC 网站、APP 商城、豆瓣小站等看到的乐活商品,与常见的 B2C 电商平台最大的不同就是首先看到的不是商品的规格,而是与商品特性相匹配的乐活态度,一般是一段非常简短但优美的文案。每一件商品,都会搭配一篇唯美的"推荐理由"。这样的文案,配合网站的色调,再加上精简的规格和品牌介绍,整个网页既协调自然,又独具美感。用户如果喜欢这个商品页面,还可以点击分享到微博、微信等社交网络(见图 3-1)。

除了商品页面,乐活良品的内容制作小组还维护着一个名为"专题"的频道。"专题"会定期发布生活相关的主题文章,有节气食经、草木花语、食材说、特别企划、星月运程、店长手记、产品评测、品牌故事等分类,另外也有时尚的互动活动,如乐活好声音。与顾客的访谈对话录也做成图文放到"专题"里,这些文章的末尾都会有对应的推荐商品链接。

如果说乐活良品的手机应用是一个手机商城,倒不如说更像是一份电子杂志。经常有用户下载了乐活良品 APP 后,喜欢的就会去上海嘉善老市的体验店看看。只有触摸到那些商品的时候,对乐活态度的感受才能质感化。最有意思的是很多去体验的年轻人,因为感觉太好,就询问能否来这儿工作。2013 年夏天时乐活良品有 18 位员工,其中好几位都是这样加入团队的。他们在态度理念上趋同,很快就融入了这个大家庭般的团队。更令人惊讶的是,Jane 开始全职乐活良品创业上的那段时间,新进的员工比较多,不出一个月新员工里竟促成了两对恋人。

---

① 周麟:《贩卖"乐活"的"良品"》,《天下网商·经理人》2013 年 8 月刊。

图 3-1　乐活良品 APP

黄乐乐做代言

　　"健康身体、轻松心态、美好感觉"这十二个字所代表的理念,真正贯穿到了乐活良品团队工作中。这种口号完全不是虚的,团队员工轻松工作,效率很高。因为轻松又有效,员工们也快乐,快乐健康带来的阳光感受,很容易传递给乐活用户。

　　例如,他们的微信公众号,添加自动回复语音是这样的:

　　　女生齐:哈喽,大家好!我们是乐活良品掌门小喵、小静、北北。

女生 1：和……咦，乐乐呢？

女生 2：出去遛弯儿了吧。

女生 1：好，那就先卖个关子，一会儿你就可以找到它。

女生 3：我们呢，每天过着晒太阳，喝果茶，泡咖啡，翻自主（音似）的图书，看许多（音似）人来人往的快乐生活。

女生 1：那你想不想也让你的生活多一些什么呢？那就快加入我们的乐活之旅吧，让我们用健康、轻松、美好的生活方式感染你吧！

女生 2：动动手指，回复 m，来瞧瞧关于我们所掌握的资讯吧。

男生：好，咔。

（画外音：喵——）

故事讲到这儿，可以说说这只叫黄乐乐的猫咪了。

就在上海嘉善老市的体验店装修好的那个冬天，Jane 和她的小伙伴们收留了一只流浪猫。这只猫咪在精心抚养下，越长越漂亮，身上的毛色也渐渐从土黄变为金黄，非常精神。她们给它取名叫黄乐乐。按照乐活的理念，人跟自然、动物、环境都友好相处，黄乐乐自然也被成员化了。它不太闹腾，越长越憨态可掬，经常趴在大家办公桌的一角，没人觉得它碍事。

工作的闲暇，大家会逗逗黄乐乐，来店里的客人也喜欢它。它就住在店里，天气好的时候会到处晒晒太阳，还会去隔壁的公司串串门。

时间长了，不少顾客回头光顾乐活良品生活馆时，就会说：去黄乐乐那儿。

就这样，黄乐乐成了乐活良品的天然代言人。

再往后，乐活良品的年轻小伙伴们还给它专门开了一个微博，叫"黄乐乐么么哒"。这个微博模拟黄乐乐的视角常发一些平时公司内外的照片，也经常转发朋友们给黄乐乐拍的照片。人们看了微博，经常开怀大笑（见图 3-2）。

2013 年年初，美妆类电子商务公司聚美优品新拍摄的品牌广告充满了励志元素。聚美优品 CEO 陈欧亲自出镜，为自己的品牌代言。很快，"自代言"在网络上就传播成了"自带盐"。2012 年，日本福岛大地震引发的核泄漏，曾一度引发了国内碘盐抢购风波，在网络文化里将"盐"谐谑成了奢侈品。这么一个老梗，在陈

图 3-2　黄乐乐代言照

欧自代言广告播出后被套用演化。

　　黄乐乐可能永远都不知道,它也可以为乐活良品"带盐"(代言)。

商品、内容两条线

　　如果讲 Life Style Store(生活形态提案店),不得不提及无印良品(MUJI)。无印良品不单是一个品牌,出售的更是一种生活哲学。这种生活哲学提倡简单和减法,无印良品主张拿掉商标、去除一切不必要,简单到只剩下产品材质和功能。从20 世纪 80 年代开始,无印良品从最初的几十种单品发展到现在的近万种,几乎涵盖了吃穿住用生活的各个方面,甚至扩大到汽车、电器、餐厅。

　　和记黄埔旗下的屈臣氏在中国就有上千家店铺,是亚洲最大的个人护理及美容保健商品零售连锁集团。屈臣氏品牌的目标是 18～35 岁的女性,除了商品功能,她们也追求舒适的购物环境。屈臣氏倡导健康的生活方式,将自己的品牌定位为"个人护理专家"。屈臣氏的最前身是 1828 年一位叫 A. S. Waston 的英国人在广州开的一家西药房,广东话将其直译为"屈臣氏大药房",1981 年被李嘉诚的和记黄埔收入旗下,2014 年可能将在香港、伦敦双重上市,总市值高达 1710亿元。①

此外,在倡导生活理念的品牌中,中国本土出现了"emoi 基本生活",瑞典的"IKEA 宜家"更是被越来越多的中国年轻家庭青睐。

越来越多的生活形态品牌出现,每一个品牌都有自己独特的地方,他们也有各自的经营特色和人群定位。无印良品追求平实简单,屈臣氏是个人护理优品,宜家是全球采购的家居用品。与这些品牌相比,乐活良品依照乐活精神,凝练出了"健康身体、轻松心态、美好感觉"的理念。这一理念融合了中国传统生活文化,也兼备其他生活形态泛品牌所共有的特点。在乐活良品打造的概念中,很讲求植物的力量,提倡人跟植物是最亲近的。

健康生活方面,乐活良品的商品包括吃喝用的有机品,如茶、咖啡、果酱、蜂蜜、护肤品等。轻松生活方面,有器具、料理器皿还有文具、"SIWA·纸和"商品等。美好感觉方面,有手作配饰、精油香氛,也开发礼盒商品。细心的乐活族会发现,乐活良品售卖的所有商品大多是以植物为主要材质。

"健康身体、轻松心态、美好感觉"的理念先体现在买手工作上。乐活良品的公司运营就是商品和内容两条线。两条线上的关键人就是买手,乐活良品称他们为策划编辑。

商品这条线主要的环节是找寻源商品、买手采买、进入售卖运营。确定的源商品会被买断代理,进入售卖运营后,顾客可以从多种线上平台买到该商品,例如乐活良品自己开发的 APP 商城、PC 网站、乐活良品的淘宝和天猫上的网店,还有微信商城。

内容这条线先从商品中挖出蕴含的乐活品质,随后完成商品对应的内容制作,再进入内容运营。这些内容再加上独立编辑的专题资讯,通过多种线上渠道

---

① 数据参考自《和黄已选定 3 家银行处理屈臣氏招股》,新浪财经,http://finance.sina.com.cn/stock/hkstock/ggscyd/20131218/090417670479.shtml。

推送给顾客。这些渠道包括微博、微信、豆瓣小站、淘宝的微淘,也包括多看电子书平台等等。这些内容资讯也同样出现在乐活良品的 APP 商城和 PC 网站。到了每周上新的时间,乐活的忠实顾客还愿意主动打开乐活良品 APP,以查看新的商品和资讯(见图 3-3)。

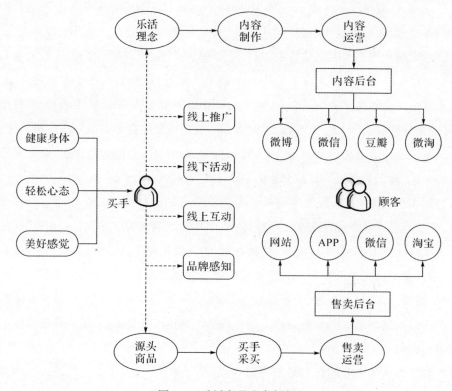

图 3-3　乐活良品业务解析

除了商品和资讯两条线,乐活良品与顾客之间做到了"多点全方位"的接触。Nielsen 公司的调查数据显示,中国北上广一线城市中约有 17% 的人口属于认同乐活理念的人群,他们是潜在消费者。虽然乐活良品没有刻意追求会员制,但切实做到了以顾客为中心。除了线上的资讯推送,也经常组织线下的活动。商家组织消费者做线下活动并不新鲜,但乐活良品也能玩出花样。例如,2013 年夏天的时候,乐活良品与知名香薰师一同做了一次以"土耳其玫瑰之旅"为主题的分享课,地点就在乐活良品的体验店,用了保加利亚白玫瑰精油点香薰,新老顾客除了参加交流,还可以将自己的猫、狗等宠物带来一起玩耍。

除了线下的活动,线上的互动更能突破时空的限制。乐活良品的微信公众号已经成了乐活顾客的主要客服渠道,除了商品咨询、售卖服务,乐活良品的小伙伴(主要是负责顾客服务的员工)也常常与顾客交流乐活心得。除了微信,微博、豆瓣小站、多看的电子书评论区,都成了与顾客交流的场所。正常的商品售卖后,乐活商品随快递包的卡片上鼓励顾客拍照晒到微博,@并关注乐活良品微博号后,会送积分优惠券或送商品小样。凡是购买的顾客收货后几乎都会拍照晒微博,因为有趣所以愿意参与,同时也晒出自己的生活品质。而好多乐活族在微博上看到他们晒出的照片后,自然就因理念相同而互相关注,这些乐活族又成为乐活良品的新顾客。

线上活动中,最有特色的是"乐活好声音"。2013 年的中国好声音第二季无疑成了国内知名度最高的娱乐选秀节目,趁着这个东风,乐活良品在专题文章中开了一个名为"乐活好声音"的栏目。这个栏目通过真实的聊天和照片,将商品用户的故事与人分享,既寻找乐活人与商品的平衡承载,又是融合这种承载的优质生活方式。"乐活好声音"的"声音"两个字,指的是顾客发出的"真声音"。这个栏目一般的结构是:先介绍乐友(乐活良品的商品用户)的基本信息,包括星座、爱好、职业等;接着是乐友的乐活观点,一般为一句话;然后是乐友的生活理念、诉求、价值观等;再然后是对话还原,一问一答,复原对话原景。乐友购买的乐活良品商品自拍图片会穿插在文中;最后,列出这位乐友购买过的商品链接。

分析乐活良品的线上互动渠道,可以得到表 3-1。

表 3-1 乐活良品在线互动渠道

平台	ID	作用
微博	@乐活良品 LOHASUS	官方微博,企业认证
	@SIWA 纸和旗舰店	SIWA 店铺,企业认证
	@黄乐乐么么哒	品牌自带盐

续表

平台	ID	作用
微信	订阅号:乐活良品	商品咨询、售卖服务、心得交流
	服务号:乐和里乐活良品生活馆	微信商城
豆瓣	品牌小站:乐活良品 Lohasus	资讯展示,引导流量到官网
天猫	纸和旗舰店	"SIWA·纸和"商品专卖
淘宝	小站:乐活良品优质生活馆	商品咨询,工具是阿里旺旺
堆糖	Lohasly 乐活良品	资讯展示,引导流量到官网
微博微刊	@乐活良品 LOHASUS	资讯展示,引导流量到官网
多看	乐活良品	资讯展示,引导流量到官网
什么值得买		偶尔被推荐

2013 年 3 月,乐活良品创始人 Jane 开始全职创业;当年 7 月,乐活良品销售额超过 200 万元,2013 年全年的销售数字超过 1000 万元。从 2013 年 7 月底的业务数据看,其主要客户还是来自于国内一二线城市,几乎没有做付费流量,主要的客户来源是"老带新",即老客户推荐来新客户。产品复购率很高,约 80% 的老顾客人均重复消费 4.8 次。绝大多数的回购都是因为收到上新消息后觉得不错,然后再次购买。绝大多数的顾客在方式和理念上高度认同乐活良品,他们"心甘情愿"地义务传播乐活良品。

由于电子商务本身就具有媒体属性,如果运营得好,完全能做到"润物细无声"的传播境界。相比之下,靠投放广告砸出品牌的方式反而是最生硬的。

反向定义商业

在 2013 年 3 月以前,乐活良品基本是一个安静的"小而美"网店,Jane 全力创业后,乐活良品开始了大踏步的发展。从传媒集团高管位置上离开的 Jane 开始盘活各种业内资源,有的资源成了乐活商品用户群的核心力量,有的资源成了乐活理念的信众,还有的资源成了源商品的线索,更多的资源成了乐活良品品牌传播的帮手。

作为国内最赚钱电子杂志《iWeekly》的创始人，Jane 会精心挑选和参加有价值的出版媒体圈或时尚名品圈的活动邀约。乐活良品本来就是 Jane 延伸她的新媒体理念诞生出的第一个孩子，受邀参加的媒体活动成了非常好的乐活良品的品牌推广机会。

除了商务性的活动，Jane 也投入了很多精力与公司的小伙伴们一同打造团队文化。相比传统行业的任何一家公司，乐活良品有一种天然的团队凝聚优势，这一优势就是对乐活理念的高度趋同。就是这种高度趋同的理念，使乐活良品的员工招聘不需要求助于猎头公司或国内三大招聘网站，来体验的年轻顾客容易转变为员工。也因为高度趋同的理念，使员工中的单身男女易结合为恋人。绝大多数的乐活良品员工都愿意自己做午饭带去公司，阳光好的时候他们会在木质阳台的餐桌上边吃边聊、边晒太阳。他们有下午茶文化，偶尔周五的下午茶还会一起品红酒，或者体验海底捞的外卖服务，他们到公司的第一课是先学会做滴漏咖啡。高度趋同的价值观，使这个公司的员工犹如一个友善的社群圈子，他们吃趋同、喝趋同、爱好趋同，闲暇的时候有共同的爱好，也会常常逗逗黄乐乐。从社会群体学的角度讲，这样的团队默契程度高，工作成效好，幸福感也强。

乐活良品的现金流很好，但长期来看会有一个"增量"成长的阶段，这个阶段肯定需要融资。乐活良品有一种人格化的公司气质，本能地排斥机构资本，不可能引入风险投资。他们不会被短视的资本力量催肥，其理念里渗透着慢发展的元素，他们讲求符合事物发展规律的原生态，这本质上与风险资本的诉求相矛盾。

乐活良品的商品方面，在业务扩大的过程中，最有可能的是品类扩大，业务会扩展到个人生长产业链，可能涉足人的心灵成长。另一种可能是引入共生的商家，以平台化的战略发展。还可能打造有泛适用性的单品，从而将外延顾客扩大到乐活人群以外。另外，乐活族广泛地分布在一二线城市，乐活体验店必然会复制到其他适宜的城市。

还有一个重要的方面可以展望，这就是乐活良品的资讯编辑能力也会迅速发展，从采编到内容制作将会有持续的成长。不难发现，与其他传统商业公司相比，乐活良品的品牌传播更多靠的是自己的编辑推广力量。在移动互联网和社会化营销成熟的背景下,这是必然能做到的。其他传统商业公司还是依靠广告商或代理公司,既分出去了利润,又无法做到敏捷的客户反馈。

综合来看,乐活良品的模式其实是在反向定义商业。传统的商业公司都有自己的核心竞争力,可以是自己的生产能力,也可以是渠道能力,还可以是专业服务能力,这些核心竞争力都得通过更专业的推广和营销渠道才能打通业务链条。乐活良品走出的是一条"自营销"的路径,乐活良品买手本身就是编辑,他们有专业的专题资讯生产能力。在更远的将来,这种资讯生产能力完全可以对外输出,或者将其他商家引入乐活良品的平台。

这就是我们面对的时代,可以反向定义商业,还可以反向定义媒体。这样的过程其实是一场商业微观革命,在任何一个现已成熟的商业组织内都难以做到。只有独立自主地勇敢行动,用团队的魅力吸引受众和顾客,才能赢得这场时代微观革命的胜利。

放眼时代,品牌付费推广和传统广告的模式将持续走弱,在新的时代人们甚至分辨不出什么是资讯节目,什么是广告。2013年下半年热播的电视剧《咱们结婚吧》,爱吐槽的观众发现节目片尾有整整八屏的赞助商名单,所有的赞助商品牌都是以植入的方式在这部电视剧中呈现。2011年,中国广电总局就出台规定禁止电视剧插播广告,这个规定的出台背后体现了观众市场的诉求,毕竟在剧集中插播广告会带来较差的观众体验。软性植入商业广告的影视作品会越来越多,这同样是时代和商业的诉求。人们将来最可能看到的广告形态是,影视节目就是广告,广告就是影视节目。

2013年是中国移动互联网生态爆发的元年。在这一年,数以万计的制作精良的视频节目投向各大视频网站,优酷、搜狐、乐视等网络视频公司的股票价格持续增长。各种新锐的视频制作团队力小但量多,不断地蚕食着传统电视媒体的业务。聚美优品于2013年出品了电影《女人公敌》,非常精准地抓住了聚美品牌定位的城市和人群。在一线城市知识阶层对这部电影发出嘘声的时候,聚美品牌却因此获得了业务的良性受益。2013年热播的古装喜剧《龙门镖局》更是将各种流行品牌和潮流元素大量植入,观众在捧腹的同时还津津乐道于分辨植入的广告品牌,观众没有一丝的反感,反而觉得很好玩。在这个已掀开帷幕的新时代里,受众和消费者的需求已经是一种不同以往的体验,满足这种体验既需要商业和商品,又需要推翻传统商业玩法的创意和创新。

在乐活良品的多看电子杂志月刊第 1 期上线的评论里,就有多看平台的活跃用户评论说"整个一本广告呀",也有人评论"这样的广告很有新意,看得出来乐活良品很用心"。这是转型时代必然出现的对立现象。对乐活良品来说,找到自己的精准客户是唯一的目的。

乐活良品的创始人 Jane 整个 2013 年都在"革命",她首先革掉的是自己职场人的命,进而有可能革掉传统媒体和商业玩法的命。"革命"这个词说起来比较躁动,而以 Jane 为代表的移动电商创业人群,他们实质上是在做一种温和的改良。这种改良是时代需要的,即使乐活良品不做,也会有其他人做。

细心分析后还会发现,这种创业会面对各种不确定性,但只要有理念支撑的信心,还是能够做到游刃有余。Jane 首先是一枚乐活族,会快节奏地工作,也会时刻放松自己,愿意从细微处感知快乐。樱花盛开的时候她去日本参加濑户内海艺术节,秋高气爽的时候她去福建太姥山拜见长净法师。Jane 和她的小伙伴们,还有黄乐乐,用自己的节奏不紧不慢地做出了一个时代的标杆。

第 4 章

文艺青年玩自媒体

20世纪 80 年代,人们在为温饱奔波的同时,对精神生活的需求与日俱增。因传播渠道和技术手段的限制,不少人在出差时只能从火车站附近的小报摊买些杂志、小报用来路上解闷。后来有文化界人士将这类杂志小报称为"火车站文学",又名"地摊文学"。在这个背景下,《知音》创刊了,《故事会》也从双月刊改为了月刊,后来又改为半月刊。从社会文明演进上看,精神繁荣总是略滞后于当时的时代。

有了互联网技术后,传播渠道和技术手段的种种限制得到了缓解,出现了各种网络上的"圈子"。这些圈子或松散,或紧密。松散的,会在论坛、QQ 群、微博、微信等社会化平台上分享兴趣相投的资源;紧密的,除了网上的分享和互动,还会组织线下的见面会、读书会等活动。网络技术的发展使精神内容生产者的门槛不再高高在上。UGC(User Generated Content,用户生成内容)很快将互联网推进到了 Web 2.0 时代。再进入移动互联网时代以后,个人做的"媒体"形式越来越多,模式更是愈发多样化。

网络文学与自媒体

通过互联网传播华文小说和其他文学作品,可以追溯到 1998 年。这一年的 3

月 22 日,台湾的蔡智恒把自己的小说《第一次的亲密接触》贴到了网络 BBS,并开始连载。这部小说被认为是中文网络文学的创始里程碑,它使网络文学开始被众人关注。

进入 2001 年,一个叫玄幻文学协会的网络社团成立了,这就是起点中文网的前身。在接下来的两三年里,起点中文网发展迅速,成了华文网络文学的最大庄家。2004 年 10 月,盛大收购起点中文网后依旧保持了高速成长,即使在盛大网游收入减速的时期,盛大旗下的起点中文网一直保持着收入倍增。鼎盛时期,起点中文网垄断了全网 90% 以上的作者和读者。在盈利模式上,读者付费,为作者支付稿酬。在所有的互联网收入模式中,网络文学网站犹如一株安静的百合,悄悄地绽放。在起点中文网上,成就了南派三叔、天蚕土豆等一大批网络小说写手。根据《2012 第七届中国作家富豪榜》发布的数据,著名网络作家唐家三少、我吃西红柿、天蚕土豆分别以 3300 万元、2100 万元、1800 万元的版税收入荣登"网络作家富豪榜"前三甲。同样起步网络的南派三叔,因盗墓小说"鬼吹灯"系列成名,他也以 850 万元的出版版税进入"中国作家富豪榜"。

据央视新闻报道,国内网络小说读者约有 2 亿的规模[1]。网络小说与传统出版小说的最大不同,就是作者能够与读者方便地互动,很多网络小说都是在作者与读者的互动过程中完成的。除了小说,网络文学也不乏诗歌、散文、杂文甚至漫画等其他文学体裁,这些体裁里最有亮点的是女频(即女生频道)文学。与网络小说的快速消费性不同,女频类文学极容易聚集起稳固的读者圈子,其唯美、舒缓的特性似乎可以脱离以盈利为目的的网络文学生态。

纵观网络文学十几年的发展,除了付费阅读的文学网站,网络文学的创作平台日益泛化。豆瓣、天涯甚至微博、微信都成了这类作品的创作平台,市场份额和界限被快速稀释。

随着微信公众平台的崛起,一个叫"自媒体"的词汇越来越火爆。初听上去,貌似做一个微信公众平台就成了自媒体。

---

[1]　参考自 2013 年 12 月 20 日央视新闻频道报道:《网络文学热的背后:2 亿多读者　收入超传统小说》,http://news.china.com.cn/shehui/2013—12/26/content_31015509.htm。

自媒体其实也是一个舶来词，2004 年美国记者、学者丹·吉尔莫(Dan Gillmor)出版了他的著作《我们即媒体》(*We the Media*)，很多国内的传播学者将其称为"自媒体"。《我们即媒体》一书还有个副标题："草根新闻，源于大众，为了大众"("Grassroots Journalism by the People，for the People")。吉尔莫讲自媒体时，主要还是依赖论坛、BBS、博客，也泛指用户个人出版、协同出版，后来自媒体的主体平台才成了微博、微信。

2013 年的酷暑渐渐消退的时候，一本自负盈亏的文艺书在淘宝网上被抢购一空。这本书没有进入常规销售渠道，只是通过微博和微信公众号预先传递了信息。这次成功的"自出版"，是由一位网名叫"NBC 二当家的"的人操盘运营的。熟知的朋友，常叫他"二当家"。这次自出版的尝试，可能标志着图书出版出现了的新玩法。

粉丝想要书

二当家是一位打拼多年的互联网老兵，他性格沉稳、经验丰富，曾做过上市公司社会化媒体总监。2010 年闲暇的时候，他与朋友共同维护了一个微博——"微杂志"。"微杂志"主要分享比较文艺范的文字摘录，有的是书摘，有的是名言，还有的是电影对白。除了文字，每条微博都配一张图片，图片或清新，或唯美，或复古，或时尚。偶尔发的微博也会配上文艺调调的音视频。再忙的人去读读"微杂志"，也能获得一种宁静，心绪得到舒缓。"微杂志"的恬淡风格，吸引来了同样喜好的粉丝关注。粉丝愿意留言，也愿意转发。基本每一条微博都会有几十、上百条的留言数和转发数。也有很多粉丝给"微杂志"发私信，有的会交流文艺思想，有的会说说自己的心情。

时间缓缓而淌，"微杂志"没有刻意用口号去标榜文艺，但粉丝们自然地将"微杂志"看成了自己在微博上的"文艺生活指南"。

二当家的小伙伴里有位叫温瑶的美女，她是"微杂志"的主编。在他们的耐心维护下，仅几年时间，"微杂志"的粉丝数就突破了百万。粉丝中除了喜爱文艺的年轻人，也有媒体人，有的是想谈合作，有的是来找灵感。还有的粉丝是艺术家，其中不乏名人。

"微杂志"的微博做了三年后，恰逢 2012 年年中腾讯微信推出了公众平台。虽然一开始微信公众平台功能简单，但二当家与他的小团队立即在微信公众平台注册，开始了微信公众号的运营。这个时候的二当家已不在上市公司做总监，而是办起了创业公司，主要业务是帮客户做社会化媒体代运营。

就这样，从微信公众平台上线时起，微博"微杂志"和微信公众号一同做了下来，基本没有中断过一天。与微博不同的是，微信公众号与粉丝的互动更紧密了。微杂志公众号每天推送的内容主打是"书影音"栏目，多是温瑶自己写的随笔，也有投稿和集萃。每天的文章，都被精心编辑为一篇精致的杂志美文。很快微杂志公众号就获得了 30 万的粉丝关注。

微杂志公众号运营了大半年后，常常有读者在后台留言建议将内容做成纸质书，这样方便他们收藏和回顾。2013 年春节后，微杂志在一次推送文章时做了个小调查，询问"如果微杂志出版成书您会不会购买"。收到的三万多条回复中，约有八成希望看到纸版的书。这促成了日后出版的《流经我们内心的风景》一书。

小伙伴的热情参与

经过那次调查，微杂志上有近三万的粉丝读者表达了想要纸质书的意愿。按照传统出版行业大致的推算，出这么一本文艺类的图书，卖出 1 万册的版税收入约有 3 万元左右，这么看来将微杂志的文章结集出版是可行的。这个时候，微杂志的"书影音"已经推送了两百多期，每期约有三千字。从累计的五十多万字里遴选出一个"书影音"精编版，非常具有操作可行性。

从 2013 年 4 月份开始，二当家的小团队将出书纳入了业务计划。前期的书稿整理工作落到了做"书影音"的温瑶肩上。这个工作非常辛苦，温瑶几乎是闭关了三个月，整理出了十几万字。

与此同时，二当家在"微杂志"微博上发出了准备出书的消息，并寻求出版机构合作。

很快,就有十几家出版社或文化公司联系合作事宜。选择哪家出版机构基本就确定了主要经销渠道,对此二当家考虑了很多。微杂志起源于微博,成长于微信,微博上的"微杂志"账号有百万的粉丝,微信公众号也有几十万的订阅关注。如果是走传统的出书路径,似乎就只有这两个通道在与粉丝接触。衡量再三,二当家决定走一条"自出版"的路子,用互联网的思维来营销这本书。这样就基本不用出版机构的卖书渠道。确定了出版机构后,二当家与策划编辑一同担当起了这本书的策划工作,他们选择了版式设计团队,确定了印刷单位,很快将书推进到了印制环节。

书的名字是一本书的眼睛。究竟起什么书名成了难题。2013 年 7 月某天的微杂志推送消息里,除了汇报出书的进度,也向读者们征求书名。一个月后,书名确定为饱含文艺腔调的《流经我们内心的风景》。

书的内容和形态基本确定后,就要开始做推广了。二当家的最初想法是在微信和微博粉丝群里做宣传。百万的忠实粉丝里,哪怕有百分之几的人来买这本书,就已经是畅销书的规模了。有不少粉丝在微博和微信后台留言,表示对书的期待并寄以祝福。二当家想过在网络上开发个网站空间,或者在某个网络平台上展现这些粉丝祝福,但网站开发涉及较高的成本,况且时间进度也不允许。

8 月底的一天,温瑶在微信朋友圈里不经意地发起了一个征集粉丝手写签名的活动,几个小时就收到了几百张图片。这令温瑶和二当家非常感动,收到的图片里有很多很有意思的签名文字,有各种背景和各种祝福。有位正在拍结婚照的姑娘,手头找不到合适的纸张,就在纸巾上书写了祝福语并拍照发给了温瑶。

当天晚上微信公众号推送的文章里,专门开辟了一篇来登载这些手写签名图片。同时,也注明了将这个好玩的活动继续进行,小规则是:

1. 手写;

2. 字眼包括:W. Y《流经我们内心的风景》;

3. 签你的名字;

4. 其他要写什么,都随你喽。

就是这么一个不经意的小活动，一旦发起便犹如病毒复制一般，引爆了网络文艺圈。在衣服上写、在水果上写、在叶子上写(见图4-1)、在手上写、在柠檬片上写、在画布上画成一幅画，用很前卫的墙体涂鸦，在手边的处方单上填空的方式写成艺术小品，拍照时特别设计了灯光效果以营造出复古文艺的质感，还有的将手写签名和祝福语做成了手工艺品……

图 4-1　粉丝手写祝福

待到 9 月上旬书开始预售的时候，"微杂志"已经收到了几千张签名图片，每张都有粉丝自己的创意。这么多图片的整理又成了个体力活。微杂志公众号开了个专门的栏目——粉丝手写签名墙，专门用来秀粉丝手写签名。直到第一批次的书全部售罄，粉丝的图片还没有秀完。

粉丝的热情参与激发了更多人的购书意愿，而经过这么一"折腾"，微杂志的粉丝又增加了很多。

在做这些粉丝互动之前，二当家就安排注册了一个淘宝店，专门作为售书平台。9 月份上旬首印第一批书将要从印刷厂下线的时候，微杂志的微信微博便发出了预售的链接，首批预售 5000 册。一天后便所剩无几，随后很快关闭了预售通道。因为印刷厂的生产工作也需要时间，第一波预售没有买到书的粉丝，只能继续等待。二当家的团队拿到书后，温瑶的体力活又开始了，这次是手写签名。在这本书设计版式时，二当家就专门策划了第一页是一张蓝色的空白页，用来写寄语签名。紧接着,9 月 22 日便开始给在淘宝预定了书的粉丝发货。

爱书之人都知道,从网上买书最头疼的是快递过程中对书的损坏,即使碰到边角都很让人纠心。为了避免这些小问题,二当家安排打包的时候特意用几层泡沫纸先做内层的包装,确保图书不会损坏。

打包发书的过程非常辛苦。温瑶忙着手写赠言和签名,连续写完 5000 册的时候,胳膊都累得抬不起来。二当家和他的小伙伴们连续三个通宵加班,一直在打包。当第一波收到书的粉丝开始在微信朋友圈秀新书时,二当家他们已经很难分出精力来与粉丝互动。

接着,他们在国庆节期间进行了第二波售书。放出 1300 册挂到网店上,很快卖得一本不剩。接下来就是联系印刷厂加印,直到 10 月 22 日他们才进行了第三波售书,这一波终于可以有条不紊地打包发货了(见图 4-2)。

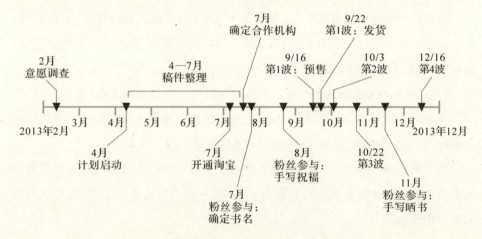

图 4-2 《流经我们内心的风景》自出版时间轴

每一波的售书,都是先在淘宝预售,然后再印刷发货。二当家虽然没有做过电子商务,但却碰巧符合了电商卖家梦寐以求的"按需生产"、"C2B"以及"零库存"。不但做到了,还将其发挥到了极致。

2013 年 12 月 16 日,"微杂志"开始了第四波售书。这一次,随着书的加印,还印制了同等数量的明信片。明信片载着温瑶和二当家的新年祝福,同新书一并寄给粉丝读者。

一本书的诞生过程饱含着很多人的心血,《流经我们内心的风景》也是一样。作者温瑶在定稿交付印刷前还在修改个别词句,二当家从开始的各种策划,到发货前后几昼夜的通宵,神经一直绷得很紧。粉丝的反应、时点的把握,都得特别留心。稍一疏忽,损失就很大。自出版,就得自负盈亏。对二当家来说,最难的还是做决定,因为这样的"自出版"活动没有可以借鉴的经验。很多时候,二当家也不知道自己做的决定到底是不是正确,只能摸索着来。

这本书定价是 38 元,共 289 页。如果按照行业一般的价格,这个定价并不算高。但刚开始的时候,二当家他们想定得更低,最初定价为 28.8 元。但这样一来,粉丝购买时需要多付 10 元左右的运费。反复琢磨并与他的团队讨论几次最后,他们将定价确定为 38 元,包邮。这个价格完全在读者的购买承受能力的范围内。

从整体出版成本上看,第一波预售第 1 天的回款,就已经将这次"自出版"的所有成本抹平了。而除了盈利收益,还满足了粉丝的需求,同时为微杂志这个"自品牌"带来了不错的综合收益。

《流经我们内心的风景》在淘宝上的火爆销售一直持续到 2013 年年底,已连续三次加印。就在销售峰值逐步趋缓后,线下的书商和网上书店才通过传统渠道拿到此书。11 月中旬,京东、天猫等网络书店里都出现了这本书。

除了纸质书,书的电子版很快就出现在了多看阅读中。二当家考虑到书的绝大多数内容脱胎于微杂志的几百期电子稿,就将电子版免费给了多看,他从没想过要对电子版收费。

自出版怎么玩?

出版一本书,少不了策划、编辑、发行三个环节,这个周期走完后读者才能买到书,而读书的内容和体验要很长时间之后才可能反馈给作者。

而《流经我们内心的风景》的自出版完全打破了传统玩法。在书未开始策划时,就开始了与粉丝读者的互动,制作完成前粉丝的参与热情就已经被调动了起来,图书印刷后已完全不需推广,基本是参考粉丝的预订量来确定印刷数。读者的参与完全前置,极度精简了出版过程。这还不同于图书公司参与的出书,可以看成一种新的自媒体出版模式。

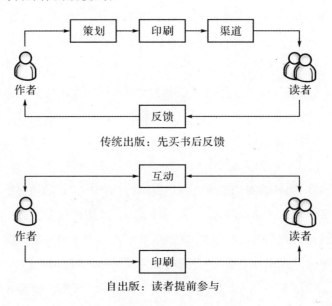

传统出版:先买书后反馈

自出版:读者提前参与

图 4-3　传统出版与自出版对比

自媒体出版有很多亮点,除了读者可以与作者直接互动,还减少了过程环节。策划和推广的职能也由作者或二当家这样的操盘者来做。环节少了,自然就能节省成本,这也是书价可以降低的主要原因。

读者在提前参与的时候,手写祝福的活动激发了他们极好的体验感,照片被微杂志晒出来后,又强化了他们的参与感。对粉丝读者来说,拿到书和参与活动已经是两回事,参与活动对他们来说更好玩。就在粉丝收到书后,二当家又搞了一次新活动,请粉丝手写抄录书中文字,然后由微杂志晒出手写照片的活动。热情参与的粉丝买到书很开心,参与晒照片也很开心。

就在《流经我们内心的风景》开始第三波预定销售的时候,互联网"众筹"模式火爆了起来,有些新书作者还尝试了"众筹"玩法。可惜这个时间窗口晚来了几个月,否则二当家可能连前期投入的出版和印刷费用都省下了。

尝试微电影

《流经我们内心的风景》这本文艺书做得很成功,虽然是一本电子杂志的结集,但卖出的册数比传统方式出版的文艺书还多。

二当家的团队里除了温瑶,还有其他几位小伙伴,他们有非常丰富的社会化运营的经验,还都能写东西。二当家也是位优秀的写手,在微杂志上除了温瑶主编的"书影音",还有二当家创作的网络小说《摇的是你,不是寂寞》。从 2012 年 11 月开始,微杂志微信公众号就在连载这部小说。到 2014 年 1 月时,这部小说已经连载到了第二季 70 多节。这部小说没有放到其他的网络文学站点,就是完全在微信公众号刊登,内容偏现代都市言情,被粉丝读者喻为"首部微信小说"。

在二当家创作这部小说时,他一直有个想法,就是将这部小说拍成电影。这个想法,在做《流经我们内心的风景》之前就有了。二当家的经验决定了他倾向于依旧用互联网的方式来做电影,但是做电影需要协调的资源和投入的成本要远高于做一本书。2013 年下半年,随着 4G 网络开始普及,网络自制剧的模式越来越成熟,做完《流经我们内心的风景》后,二当家和团队小伙伴们一直在策划自制剧。

二当家这样的互联网人,很有极客精神。他们谙熟互联网各种玩法,又愿意不断尝试新东西。当《摇的是你,不是寂寞》这部小说在微杂志上连载的时候,二当家想过尝试微信 5.0 内置的支付功能。简单来说,即读者粉丝通过微信支付付费,然后获取小说章节。在技术实现上,他跟小伙伴们跑通了业务逻辑,但最后却卡在公司资质上。按照微信的审核规定,需要先有国家出版总署的资质认证,显然一般的创业公司很难获取。

二当家对微信的生态,很有自己的见解。他对微信屏蔽淘宝链接以及微信完全去营销化的做法都颇有异议。微信生态最有活力的是草根与创业者,将最有活力的东西束缚死了,何谈创新和进步?

浅析自媒体

媒体的社会学价值和传播意义,不在本书的探讨范围。现仅从商业视角来浅析一下媒体和自媒体。

一般市场化的媒体面对两个角色,一个是媒体信息受众,一个是媒体广告主。信息受众消费媒体信息。有的需付费,例如购买报纸;现在绝大多数媒体均已免费,例如电视、广播、互联网。广告主是有宣传需求的商家,他们购买版面、时段等广告位产品。在媒体传播信息的时候,将商家广告一并传播出去。

媒体机构内,有采编运营等专业人员,他们负责生产信息。媒体最基本的收入方式就是两种,要么受众为内容付费,要么商家为广告付费。

因移动互联网使信息生产和传播的成本一再降低,Web2.0、微博、微信自然催生出“自媒体”这个概念。继续解构“自媒体”不难发现,围绕自媒体的关键角色依旧还是两个,一个是粉丝,另一个是商家。粉丝关注订阅自媒体,自媒体会与粉丝有良好的互动,商家联系自媒体请求做广告和传播。一般商家还愿意付费给自媒体,这样商家的产品信息也就传递给了粉丝(见图4-4)。

那么,到底什么叫自媒体?商业视角剖析来看,自媒体就是在“媒体”前面加了个“自”,其实质还是广告模式。

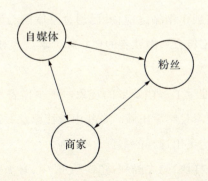

图 4-4　自媒体、粉丝、商家之间的关系

本章讲到的网络小说写手,他们不能算是自媒体,他们是虚构类作品创作者,与网络小说平台可以看成松散的"雇佣"关系。

运营"微杂志"账号的二当家已经取得了微信支付资格,他的小说已经能够让阅读者直接付费给他,阅读者也愿意支付这一点点阅读费。这意味着,一场可能颠覆网络小说平台模式的风暴开始了。

而二当家操盘的《流经我们内心的风景》这本书的自出版,同样是只在他们的自媒体与粉丝之间进行。参照图 4-4,商家这个角色已经完全被踢开了。商家想参与?对不起,自媒体已经有收入并能够自主经营了,可以不带商家玩。

那么只剩下自媒体和粉丝,还应不应该再叫作自媒体呢?我们也会发现这里面仅有的两个角色——自媒体和粉丝之间,似乎就是商业上的"卖"与"买"的关系。这已经能够解读为商业行为,如果还叫作自媒体,似乎有些混淆他们的纯粹性。他们玩的,应该叫自商业。他们独立的"产品—服务—用户"商业闭环已能够转起来,"产品"是他们自己的心智和创作的内容,"服务"是他们与粉丝的互动,粉丝则是"用户"。

再从图书出版行业角度看,二当家误打误撞走出的自出版路子,也有一层颠覆现有出版格局的可能性。出版社的发行渠道和出版公司的专业策划曾经非常重要,但现在似乎都可以自己来做了。

目前的出版业已经在发生结构性的变化,机制的重构推动着出版生态的变革。越来越多的作者在创作作品之前,就已通过互联网与读者开始互动,因此图书作品出版时,已经特别符合典型读者的口味和诉求。这对出版过程来说是个很重要的进步。

但这个新特点,也催生了一些畸形的现象。不少作者基于功利性目的,将他们在网络上已发布的文章集结后出版。有些出版社愿意做这个,也有的出版机构据守自己的价值底线,绝不出这样的书。

时代的变化就是这样快,原先的利益"铁三角"中,必须要有媒体、受众、商家。但随着信息生产和出版成本跳水似的降低,旧有的"铁三角"利益制衡消失了。搞自媒体的人可以直接面对粉丝,粉丝的付费能养活他们,从理论上看他们可以不再寄生于商家。而"出局"的商家,也能够做自己的自媒体,用自己的力量和创意去做自传播。做得好的商家,传播起来润物细无声;做得不好的,就表现为上蹿下跳,在"商家"、"自媒体"两个角色间摇摆漂移。

快速蹿红的"自媒体"这个词的鲜活周期不会太长,因为如今已经进入了一个"人人自商业"的时代。

第 5 章

玛莎的商业帝国

席卷美国的现代轻喜剧《破产姐妹》在中国也有很多拥趸。在《破产姐妹》第一季最末一集里,有位美国老太太的出镜引起了热捧,她在剧中扮演自己。她就是美国第二大女富豪,被喻为"家政女皇"的玛莎·斯图尔特。

这位老太太不太为中国人所熟悉,她的公司已经在美国上市,但还没有在中国开展业务。有不少商业评论将玛莎·斯图尔特的事业定性为"自商业",因为数十亿的产业似乎就是她一人在扛。她既是公司的所有人,也是经营人,还是代言人。如本书导言中的商业发展必然规律模型图所示,她的每一步都踩在了大背景下的美国商业发展实线上,所以她成功了。

玛莎·斯图尔特的商业成功,在她经历过的时代里几乎是个孤例。但到了互联网时代,她的成功故事为商业人撑出了一个足够大的畅想空间。

波兰移民家庭

1941 年,美国新泽西州一个波兰移民家庭里诞生了一名女婴,她是这个家庭的第二个孩子,有个比她大三岁的哥哥,她是家中的长女。这个父姓叫科斯蒂拉的工薪家庭,为她取名玛莎。这一年太平洋战争爆发,美国正式参加了第二次世界大战。

远离欧亚大陆的美国在第二次世界大战后迅速崛起,终成世界经济的一极。而玛莎·科斯蒂拉的童年经历并不充满阳光,甚至有些抑郁。这个家庭受他们的父亲影响很大,在普赖斯著的《玛莎·斯图尔特传》一书中提到,玛莎的父亲爱德华是一名有远大抱负却吹毛求疵的人,这位父亲总觉得自己的才能无法施展,又爱出风头,但赚钱不多。爱德华对生活十分讲究,他要求家中一尘不染,要求自己的六个子女做各种家务和手工,尤其对女儿们更是高标准、严要求。好在这位父亲多才多艺,很有创造才能。他教会了女儿园艺和装饰,作为长女的玛莎学的最多。玛莎在十多岁的时候,既要帮着带她的兄弟姐妹,又要帮着做家务。对于她的兄弟姐妹来说,她就像是第二个妈妈。

在这个拥挤的工薪家庭里,玛莎承担了家里很多家务,而且她的学习成绩总是很优秀。在生活的重压下,玛莎养成了一种要强的性格,几乎做什么事情都要求完美,而且玛莎的追求完美在一般人看来已经到了强迫症的地步。玛莎分担的家务里也有做饭这一项,妈妈教会了她很多的厨艺技巧。在其他初中女孩还要在学校选修烹饪课的时候,玛莎已经能够自己为家庭成员做很多美食了。

玛莎1959年高中毕业。在她未成年之前的岁月里,各种生活压力锻炼了她的家政"基本功",再加上逐步养成的倔强性格,冥冥中注定了这位姑娘一定能做出不小的成就。

然而40岁之前的玛莎并不为太多的美国人所知,直到1982年她出版了《消闲》(*Entertaining*,亦译作《招待》,王银泉翻译的《玛莎·斯图尔特传》中翻译为《美食飨客》)一书。这一年玛莎已经41岁,随后她的事业神话般地崛起了。

主妇的创业项目

高中时代的玛莎已开始赚钱,她在父亲的鼓励下为第五大道的百货公司做服装平面模特。兼职模特的工作一直干到了玛莎上大学,她不只给服装拍广告,还给烟酒、肥皂等日用品兼职拍广告。不服输的态度逐渐内化到玛莎的性格里,逐渐形成了一种实干家的笃定。对玛莎来说,她一定要出人头地。她学习优秀,除了兼职模特,还兼做了一份家政保姆的工作。这些使玛莎忙得不可开交,她没有参与 20 世纪 60 年代的任何一场民间运动(因冷战和越战的影响,20 世纪 60 年代美国国内的各种草根基层发起了不少运动,例如反黑人歧视运动;倡导妇女解放的女权主义运动;美国青年校园激进主义下还出现了嬉皮士文化)。她甚至不像一般女生那样随意约会,原因也在于玛莎家都是天主教徒,传统的宗教道德不允许性开放和堕胎,更不允许吸毒堕落。

另外玛莎很现实,她认为配得上自己的人不但要有钱,还要有不俗的品位。忙碌的玛莎很快迎来了事业、爱情的双丰收,她获得了"全美着装最得体十佳女生奖",一位学校女生还将自己帅气的哥哥介绍给玛莎。这时的玛莎是一位身材高挑、金发碧眼的佳人,是校花,但她也有点傻姑娘一样的粗线条,不会在细节上用女生温柔的技巧吸引喜欢的人。很快她就嫁给了一位年轻男生安迪·斯图尔特。结婚后的玛莎还未拿到大学学位,女儿便出生了,而安迪也开始了工作。安迪家是俄罗斯移民,信犹太教,这两位年轻人的结合遇到了很多困难,但年轻的热情克服了一切困难。安迪的家庭出身优于玛莎,他很优秀但还不是最优秀的,安迪没有雄心勃勃的玛莎幻想的那样无限伟岸。

很快玛莎也毕业了,他们有了自己的房子并自己动手装修,玛莎的厨艺大涨,她在做美食时体验到了无限乐趣,举办招待很多人的家庭聚会对玛莎来说非常有成就感。在 20 世纪 60 年代的美国社交派对上,美国人常会谈到各种的社会运动,丈夫安迪参与其中,而妻子玛莎却一点都不感兴趣,她只是喜欢做美食,招待朋友让她觉得快乐。

随后,玛莎还做了几年股票经纪人,安迪的工作是律师和法律顾问。他们在郊外买了更大的房子,是农舍型的别墅,带有不小的花园。然后他们又是自己动手装修,从设计到各种粗重的活,都自己来。玛莎不做经纪人后,让她觉得快乐的事情还是做美食,她跟一位"闺密"一同玩出了一个"生意模式"。这个模式有点儿像现在的做饭钟点工,但她们是提前从客户家里拿来餐具,做好后再送去。后来玛莎又将这种模式引入了一家高端零售店,她相当于承包了一个食品区,类似于现在大超市的熟食专柜。她做各种糕点、馅饼以及好吃的晚餐食品,都放在这个食品区销售,还打上了玛莎的招牌。食品的制作室就在玛莎家的地下室,玛莎还会在地下室给邻居主妇讲烹饪技巧。做这些的同时,玛莎还给一些杂志写美食文章。在玛莎和安迪的生活里,他们依旧喜欢招呼朋友到家中做客,安迪还意外地成了一家出版公司董事长。

20世纪60年代中后期,在女权主义运动的影响下,越来越多的女性开始外出工作,但她们既要工作又要操持家务,至少得做晚餐。这就使得玛莎的食品区非常受欢迎,她提供的烹饪食品开始供不应求了。于是她开始登报招聘好的厨师,招来的"厨师"多是跟玛莎一样的家庭主妇。厨师只需要将做好的食品或糕点送到承包的食品区,玛莎以自己的招牌卖出去。但她也遇到了一些麻烦,当地的主管部门要调查制作场所和配送的卫生情况,玛莎迅速办妥了所有手续。

做得好,就会有媒体关注。好强的玛莎大胆地接受采访,这使与她合作的连锁店非常不满,这种松散的合作随后就终止了。

已经做出经验的玛莎注册了自己的公司,开始承接各种美食外送服务,也承接一定规模的酒会。在做这些的时候,玛莎赶上了一个市场大机遇,"婴儿潮"①一代步入中产,他们对餐饮烹饪和居家生活的各种需求越来越大。

在玛莎为丈夫办的招待宴会上,她受到了一位出版大佬的资助,玛莎决定编著一本自己的书。这个时候的玛莎和安迪已经是40岁左右,玛莎做各种美食,安迪协助拍照排版,他们还请了一位文案师。这本书里除了讲美食烹饪,还有宴席布置、插花园艺等知识。玛莎跟他的父亲一样要求很高,她的各种设计要求都必须做到完美无缺。书历时三年才大功告成,这本 *Entertaining* 在1982年出版。随后的几年内,玛莎几乎每年都会出一本新书,到1985年累计出版了五本,每本都

---

① 一般指代美国第二次世界大战后的"婴儿潮",从1946—1964年美国共有7600万婴儿出生,几乎占到2000年美国总人口的三分之一。"婴儿潮"这一代人很快成了美国各领域的栋梁,他们成了美国20世纪80年代后的经济支柱。伴随着美国国力的上升,连他们中最普通的人都成了美国社会的中产阶级,他们懂得辛勤实干,重视家庭,还懂得享受消费。直到今天,"婴儿潮"一代还是美国社会的主导力量,只要他们认可某一价值观或品牌,都能掀起一定规模的社会和经济的冲击。

很畅销。直至快进入 21 世纪,玛莎的第一本书还在售卖,累计加印了三十多次。

全媒体公司上市

在玛莎的第一本书出版热销后,她的事业彻底进入了快车道。

人们喜欢玛莎,一方面是她从小历练出的烹饪、家政、园艺等技能确实优秀,做过模特的经验使她对礼仪接待和场所布置很有见解。另一方面,玛莎已养成了一丝不苟的态度,她对业务工作的要求异常地高标准,员工做得稍有点不理想,她就会大发脾气。此外,玛莎做股票经纪人的经历,又使她养成了专业的管理思维,更具有敏锐的财经理念。

玛莎还有一个异于常人之处:她的睡眠很少,几乎每天睡四个小时就够了。这使她能够有比别人更多的精力不断做原创的东西。上帝都会惊讶,步入中年的斯图尔特太太竟然还能有这么旺盛的活力。

除了出版家政书,渐渐地,CBS(哥伦比亚电视台)等电视节目常请她做嘉宾,《纽约时报》等几百家报刊为她开设了专栏,三百多家电台都有她的问答节目。玛莎已经成了享誉美国的家政专家,她很享受自己的高曝光率,玛莎公司的宴会承办生意更是火爆异常。

到了 1987 年,美国零售巨头 K-Mart(凯马特)找到玛莎,想请玛莎做品牌代言人,并请她做家居、生活用品等品类的设计顾问。20 世纪八九十年代的凯马特是比沃尔玛还牛气的零售巨头。玛莎在与凯马特接洽时,并没有太在意代言报酬。她争取到在凯马特超市开辟两个专属的商品区,商品区就以玛莎的名字命名。她出现在了凯马特的品牌广告里,这些广告覆盖了电视、电台、纸媒、户外等多种渠道。而凯马特超市辟出的两个"玛莎专区",使她的公司又多了商品特许经营的业务,玛莎由此踏入了零售业。

如果 20 世纪 80 年代末就有现今的互联网电子商务概念,凯马特连锁超市就是玛莎最好的线下销售渠道,顾客可以在凯马特买到印有玛莎商标的商品,包括各种居家用品,从窗帘床单到锅碗瓢盆,还一并出售玛莎的书。

　　玛莎的书已涵盖美食、待客、装饰、家居、园艺、旅游等生活的多个方面,每本书最低的销量都在 10 万册以上。写而优则出版,这个写书人的发展规律似乎是世界通行的。20 世纪 90 年代初,玛莎创建了《玛莎生活》(*Martha Stewart Living*)杂志,这份杂志的读者定位为中产家庭的女性,风格优美,内容实用。《玛莎生活》犹如时尚杂志一样,迅速引领了美国主流中产家庭的生活。这份杂志不但获得了各种出版大奖,还为玛莎的公司带来了优厚的广告收入。据统计,2002 年时这份杂志发行量已近 300 万册,年广告页码达到 1887 页。①

　　这还没完。玛莎之前上电视节目仅仅是作为嘉宾,渐渐地她也开始制作电视节目。玛莎作为出品人和主持人的电视节目《玛莎生活》于 1993 年首先在 CBS(哥伦比亚电视台)生活频道播出了。这节目越来越火,从每周 30 分钟变为了每天 1 个小时,连当时的第一夫人希拉里·克林顿都来做嘉宾。在商业学者看来,玛莎·斯图尔特公司的主营业务已经变成了跨媒体运营。

　　依旧没有完。互联网兴起之后,玛莎的媒体经营业务又扩大到了互联网,她的公司还提供商品邮购,就是早期的电子商务模式。世界已经无法阻止这位出身于新泽西小工薪家庭的女性,这位波兰移民的后代已经成了美国人生活的风向标,她的节目中推荐的商品都会大卖。玛莎不单是商业女强人,更成了大明星,她的说话、举止、穿戴,都可能带来巨大的商业机会。1997 年,《时代》周刊将她纳入"美国最有影响力的 25 人"。1999 年,她的 Martha Stewart Living Omni Media(玛莎·斯图尔特生活全媒体公司,或简称玛莎全媒体公司)在纽约证券交易所上市,玛莎的个人资产随即飙升,她进入了 10 亿富豪俱乐部。

　　除了成为富豪,玛莎还拥有近亿人的粉丝。她的这些支持者多是中产家庭女性,这些女性有购买力,也期待美好的生活。她们能够买到卧室、厨房、客厅、花园中的商品,但她们更需要有人告诉自己,怎么将那些买来的商品转化为美好的生活。她们将玛莎这个名字当成了标签,出现了"玛莎范儿",例如见到有的女性居家能力不俗,她们会称赞"很玛莎"。

---

　　① 数据出自《玛莎打造的家政传媒王国》,中国期刊网,http://www.chinaqking.com/news/jingxuan/2006－10－30/699.html。

至此,从灰姑娘到家政女王,玛莎成了"美国梦"的最好诠释者。

牢狱之灾

整个 20 世纪 90 年代都是玛莎的商业帝国上升期。在这一时期美国主要由民主党执政,克林顿政府领导下的美国经济获得了失业率和通货膨胀率的新低,社会下层生活得到改进。1995 年,在总统否决之下,国会还是通过了《私人证券诉讼改革法》。美国退休基金投到股市的比例变大,投到债券的比例变小。在美国国民的意识里,对证券欺诈越来越不宽容。在克林顿就任总统的初期,美国还发生了被称为"世纪审判"的辛普森案,克林顿总统任职末期还因性丑闻而引发了弹劾案。每一件引人瞩目的大案,其审判过程都受到微观社会结构和宏观社会结构的影响,相比之下,宏观社会结构对案件的影响更大。

整个 20 世纪 90 年代的科技和互联网概念被华尔街疯狂追捧,巨大的投资泡沫撑开了一个风险极高的时间窗口,泡沫的破裂就发生在世纪之交。2000 年的美国经济弥漫着肃杀气氛,股票资产受损激起的民间舆论将矛头对准了分析师、会计师、各大公司 CEO 和投资银行,甚至美联储也遭到质疑。2001 年的"9·11"极度刺激了美国人的神经。但在接下来的 2001 年 10 月,美国 500 强排名第 7 的安然公司,因一份离谱的季度财报而招来证券交易委员会的调查。① 调查发现,安然财务连续 4 年造假,虚报利润 5.86 亿美元。这种丑闻被公开后,民众哗然,安然公司股票从高点时的 70 美元跌至 0.26 美元,市值从 800 亿美元缩水为 2 亿美元。安然倒闭,多米诺骨牌就此推倒。紧接着,为安然公司做审计的会计事务所、有 89 年历史的安达信一夜"猝死",美国的五大会计师事务所从此减为"四大"。安达信服务的另外一家公司——美国世界通信公司随后也传出财务造假丑闻,造假金额高达 38.52 亿美元,很快资产超千亿的美国世通公司也宣告破产倒闭,成为美国经济史之最。与此同时,持续收紧的经济氛围导致美国出现了一场

---

① 2001 年 10 月 16 日,安然发表 2001 年第二季度财报,宣布公司亏损总计达到 6.18 亿美元。但在此之前,累计 21 个季度财报均为盈余增长。

破产风暴。与玛莎·斯图尔特曾有密切合作关系的凯马特，也是在这个时期申请了破产保护。

2002 年，美国出台了自 30 年代证券法颁布以来最著名的立法——《萨班斯法案》①。这一法案中最严苛的是 404 条款，直接要求公开公司组织的职务岗位和职责流程，进而要求上市企业必须有严格的内部控制制度。这一法案有点"乱世重典"的意思，有公司抱怨，有学者质疑，还一度引起了上市公司的"退市潮"。

20 世纪 30 年代的美国证券法是在 1929 年股市崩盘进入大萧条的背景下出台的，其中确立了反欺诈规则，但具体的惩治细节却直到 80 年代的内幕交易系列法案才确定。随后关于内幕交易的处罚力度不断升级，涉嫌违规者都要付出沉重代价。

正是在宏观大格局的环境下，玛莎迎来了一场牢狱之灾。

2001 年一家叫英克隆（ImClone Systems Inc.）的美国上市公司研制了一种抗癌新药，这种药品还未通过美国 FDA（食品药物管理局）许可，就引起了公司股票的飙升。在这年的圣诞节，英克隆公司老板萨姆得知了药品未能通过 FDA 许可的消息。萨姆和自己的亲属立即抛售了公司股票。而负责萨姆股票的经纪人也同时在负责玛莎在英克隆公司的股票。实际上，因圣诞节假期，萨姆、玛莎及他们共同的股票经纪人都在外地休假，萨姆在加勒比海，玛莎在飞往墨西哥的飞机上，而经纪人在佛罗里达。萨姆抛掉自己股票的消息通知到的是经纪人的助手，年轻的助手联系到经纪人后，又草率地按照指示将消息通知给玛莎一方。经纪人联系不到正在飞机上的玛莎，就留下口讯，并要助理接到玛莎回话后就告诉她萨姆抛售股票的消息。玛莎的飞机在德克萨斯中途加油，与她的秘书联系时知道经纪人助理来过电话，她随即拨通了这位经纪人助理的电话。经纪人助理告诉她，股价已低于 60 美元，而且萨姆还在抛售。玛莎请经济人助理也抛售自己的 3928 股英

① 即 Sarbanes—Oxley Act，简称 SOX 法案，也有的翻译为"塞班斯法案"。该法案是在美国"安然""世通"等一系列的经济丑闻爆发后颁布的，2004 年开始施行。鉴于这些公司破产后造成大量职工的巨大经济损失（美国人将自己的大部分收入用于购买公司股票，作为将来的养老金），以及民众由此造成对美国经济的不信任，美国对证券交易所的上市公司要求强制实行该严厉的法案。

克隆股票。同时,玛莎指示秘书,她想知道英克隆公司出了什么问题。随后,玛莎
与友人继续飞往墨西哥度假(见图 5-1)。

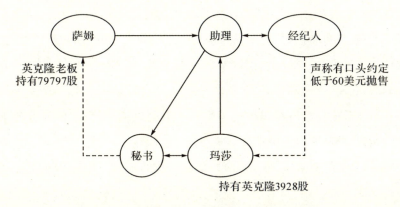

图 5-1　玛莎案关键沟通场景

按照美国法律,内幕交易一般指的是公司内高管利用非公开的信息买卖股
票,或将信息透露给别人用于买卖股票。这是一项刑事罪名。英克隆公司老板萨
姆接受调查后不久便被裁定犯下内部交易罪。与此同时,玛莎也被调查,嗅觉灵
敏的媒体迅速跟进,质疑玛莎也参与了内幕交易的新闻成了焦点。玛莎终究未能
逃脱这波动荡,她因涉嫌违规交易的消息而成为风口浪尖上的人物。

玛莎和经纪人声称他们有事先的口头约定,在英克隆股票低于 60 美元时卖
出。但这种口头约定没有书面证据。调查推进得很缓慢,虽然部分证券行业官员
并不认为玛莎的抛卖股票行为会被定罪为内幕交易,但媒体长篇累牍的报道还是
迅速影响到玛莎的上市公司。玛莎全媒体公司的股价跌去了一半,业务收入和利
润也锐减。在当时的美国大环境下,股民的民意倾向于相信大人物或名人会胡搞
阴谋。

直到 2003 年 6 月,玛莎才被正式起诉,但焦点很快转为玛莎和经纪人之间到
底有没有"低于 60 美元即卖出"的口头约定上。如果没有这个约定,那就构成了
对调查人员说谎。在长期的创业打拼和功成名就过程中,60 多岁的玛莎已经形
成了强硬的风格,她始终坚持自己没有说谎。在诉讼拉锯中,媒体记者无所不用
其极,迎合读者口味的新闻稿纷纷见诸报端。

这个时候的玛莎已经被迫辞去了公司董事长和 CEO 的职务,公司新出的产品也不再打她的名字。无疑,玛莎的名誉和事业已经受到极大影响。开始有专家担心玛莎"帝国"般的公司会倒掉,但也有人相信这家公司能挺过去,理由是公司财务收支健康,没有负债,公司在玛莎卷入风波后也及时拿出了风险应对的方案。

大约 1 年后,2004 年 7 月,法庭裁定玛莎说谎,判决她 5 个月刑期、3 万美元罚款,出狱后还有 5 个月的家中软禁。玛莎一方随即上诉,但漫长的上诉期又会充满各种的变数。这个时候玛莎的上市公司股价跌到了历史低点,业务出现亏损。经过衡量利弊后,玛莎决定接受服刑。

值得一提的是,在 2004 年 2 月,英克隆公司的那种抗癌新药获得了药管局(FDA)的批准上市。

但此时,物还是,人已非。

东山再起

舆论有时候很奇怪,就在玛莎决定开始服刑并召开发布会的时候,反而得到了很多正面的称赞,认为她做出了精明的决定。这时,公众似乎又站到了玛莎一边,她几十年积累的粉丝开始重新支持她,广告商开始考虑继续与她的杂志合作,她公司的股价也开始回升。在玛莎 5 个月的刑期快结束时,玛莎的公司股价达到了历史上的高点,从玛莎被定罪时的 8.7 美元暴涨到 35.35 美元(见图 5-2)。

玛莎的入狱和出狱都非常轰动。她服刑的联邦监狱在西弗吉尼亚一个称作 Alderson(奥尔德森)的小镇。在玛莎入狱的那天,媒体记者挤爆了这儿唯一一家汽车旅馆。服刑期间玛莎过得并不艰难,她的居家经验本就无人能比,分配给她的狱内工作包括打扫行政办公室、打扫厕所等,她都做得很不错。她教狱友们瑜伽,还发挥所长为狱友开创业讲座。

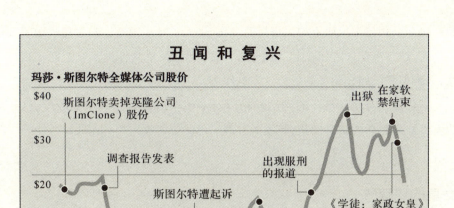

图 5-2　玛莎入狱前后公司股价波动①

　　而在监狱外,每天都守着一批记者。玛莎的对外通话和会客时间都有严格限制。这也刚好为玛莎撑出了一段清净的时光,她可以从容地梳理出自己的复兴战略。

　　在玛莎出狱的那天,有当地居民打着祝福的标语欢送她。玛莎气色不错,她穿着一件狱友用毛线为她织的披风外套,媒体都直播了出去。这件外套的款式一度成了时尚,她的支持者们为她的东山再起而欢呼。在接下来 5 个月的居家软禁中,玛莎出版了《玛莎法则》一书,书的内容就脱胎于她为狱友的创业讲座。

　　居家软禁的玛莎没有充分的自由,但对这位能干的家政女皇来说已经足够了。只要给她一个厨房,她就能撬动地球。这 5 个月里,她已经在为再次崛起做各种初始工作。除了新书,她还主持了当时火爆的《学徒》电视节目,做出了《学徒:家政女皇版》。玛莎跟天狼星电台合作,建起了一个全天 24 小时的"玛莎生活"电台。她的数份杂志广告页码都增加了一半左右,她还做了新的日间电视节

---

　　① Jenny Mero:《重塑玛莎》,《财富》2006 年 6 月,http://ceo.icxo.com/htmlnews/2006/03/28/828926.htm。

目。玛莎公司与索尼旗下的贝塔斯曼合作,进入了音乐领域。她主持收购了几份新杂志,还与承包商合作盖起了房子。玛莎回归后,总共推出了八个新项目。很快,人们似乎已经忘记了她曾坐过牢这件事。

这仍然没有完。玛莎的网站 marthastewart.com 经过了几次的改版,已经成为女性居家生活的信息门户,总收入占到了玛莎公司收入的约两成。

女皇的坏脾气

2008 年前后,美国次级债风波引发了全球金融危机。这次经济波动的规模太大,比安然、世通等规模大得多的公司都没能挺住。雷曼兄弟以 6910 亿美元资产破产。曾是美国第六大银行的华盛顿互助银行遭到客户挤兑,以 3279 亿美元资产规模申请破产保护,后以 19 亿美元卖给摩根大通。随后,900 多亿美元的通用汽车也申请破产,创造了美国商业史上工业公司的破产之最。

在这一轮新的经济调整下,绝大多数上市公司股价暴跌(见图 5-3),玛莎的公司也未能幸免,股价跌到了几美元。即使是这样,玛莎的公司仍旧有大笔的银行存款,没有负债。这个公司正如玛莎本人一样,可以在艰难的条件下生存。在金融危机时期,玛莎的电视和广播节目新开辟了教大家“如何省钱”的节目,很受欢迎。经济下滑,似乎反而是玛莎被更多人接受的时刻,全美都在控制消费,玛莎教会人们自己动手做很多东西。

正是在经济危机时,玛莎投资了线上聚会策划网站 pingg.com(后并入 celebrations.com),玛莎的互联网业务开始涉足社会化网站。

也就是在这个时期,为弥补 2010 年即将到期的凯马特许可合同的收入下滑,玛莎与梅西百货、好市多、沃尔玛等零售商签署了合作协议。随后,打有玛莎商标的居家商品进入了这些零售连锁巨头的门店。

重新崛起后的玛莎帝国,取得了难以撼动的商业地位。玛莎公司的业务收入主要由四块构成:

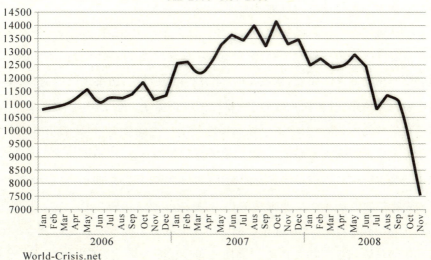

图 5-3　道琼斯工业指数走势(2006.1—2008.11)①

- 出版：书、杂志
- 电视：电视节目、广播
- 品牌商品：特许商品经营
- 直销/互联网：电子商务、互联网广告

　　这些业务每个季度能够为玛莎的公司带来数千万美元的收入,玛莎个人的资产身价在金融危机动荡时仍然高达十亿美元。2013 年,玛莎已经 72 岁,但她看上去似乎只是中年模样,她依旧每天工作,会下厨房,也去摆弄花园,还拍摄大量的电视和广播节目。她有年轻人都不及的活力,时常写博客、上 Twitter,还每天练瑜伽。联邦法律解禁后,2012 年她重新成为自己公司的董事长。玛莎曾说："我能靠我的意志弄弯钢铁,只要我足够努力,我就能做成任何事情。"②

---

　　①　出自维基百科"2008 年环球股灾",http://zh. wikipedia. org/wiki/File:Finance-dowjones-chart1. jpg。

　　②　引自《玛莎·斯图尔特——白手起家的"财富女神"》,《环球人物》2013 年 5 月。

　　这样的激情和意志，必然伴随着一定的坏脾气。在美剧《破产姐妹》中，卡洛琳对本人出演的玛莎讲的台词就是：她很彪悍，爱虐待人。

　　玛莎曾经也直言自己脾气差。在很多评论家看来，这都源于玛莎的父亲。玛莎在青春期时父亲对她的影响，使她养成了极度完美主义的个性。玛莎的坏脾气也影响到她与丈夫的婚姻，早在 1986 年，玛莎的《婚礼》新书出版的时候，丈夫安迪向她提出离婚，时机的不合时宜，颇有些讽刺意味。除了脾气不好、要求苛刻，玛莎也唯利是图，甚至很虚荣。她的坏脾气不只撒向丈夫，也使起步时的创业合作伙伴很快离她而去。她的这种性格，非常不适合与他人合伙，只能依靠自己，直到成为"家政女皇"。同样不好惹的媒体曾热衷于散播她的跋扈，负面形象在玛莎陷入调查的时候起到了反向推手的作用，她的商业帝国曾命悬一线。服刑前后，玛莎开始调整自己，这个时候她已 60 多岁，但她努力改变了自己的公众形象，让自己的粉丝感到她更加人性化。这样的转变，在玛莎劫后重生中起到了关键的作用。

　　这个转变，玛莎其实晚了 20 年。早在 20 世纪 80 年代的时，美国的"女权主义"发展到"后现代女权主义"，女性不再以男人的标准争取权利，而是在承认男女"差异"的基础上获得地位。激进的女权主义进步成熟为"绿色女权主义"，而玛莎的进步却是在她经历牢狱风波后才完成这个成熟的转变，此后玛莎帝国加速崛起。

　　必须承认，不管是在美国还是在其他国家，女性开创事业的难度要远超男性。除了要有彪悍的意志，还要有多于男性数倍的付出。这些玛莎都做到了，她每天都睡得很少，她有恒心将事情做细，她和她的公司都有极高的执行效率。在玛莎获得掌声和仰慕的时候，她并不叹息自己辛苦的付出，狮子座的玛莎觉得自己的一生就该这样。

　　从另一个角度看，时代大环境决定了玛莎商业帝国的成功。"婴儿潮"和中产阶级的崛起，托出了一个巨大的居家消费市场。媒体传播技术的进步，使勤劳的玛莎快速聚集了覆盖整个美国的粉丝群。在美国占据全球经济主导地位的几十年里，玛莎的事业迎来的正是一个最佳的时间窗口。在这几十年里，共和党和民主党轮流上台执政,低税收和高福利政策轮番影响着美国社会,而现在,这一时间窗口似乎也在悄悄地发生变化。

金融危机前,美国的服务业曾占到 GDP 的 80%,危机后上台的民主党奥巴马政府提出了"重塑制造业"的国家策略,第一产业、第二产业在美国获得了极大的战略重视,连苹果公司上亿美元的新一代生产线也搬回了美国。大量的新科技,如 3D 打印机、数字机床、智能制造应用到美国制造业中。与此同时,媒体技术的发展使数字媒体与传统媒体的冲突白热化。大量的纸媒杂志停刊,传统媒体广告收入锐减,移动互联网掀起的媒体革命绚丽而残酷,这些因素都影响到玛莎的公司。出版和电视广播的收入占据了玛莎公司营业额的一多半,移动互联网给玛莎的新挑战一点儿都不轻松。

偏执与勤奋

从 20 世纪 80 年代到现在,玛莎·斯图尔特一共编著了约 80 本书,旗下拥有几十份杂志。她自己就是公司品牌的化身,她是家政达人,更是粉丝经济的标杆。她从"小而美"的餐饮生意起步,用自代言的方式继续执掌着她的商业帝国。

她曾受到追捧,也曾遭受挫折;曾经命悬一线,又重返巅峰。她因跋扈而备受指责,甚至身陷囹圄,但更多的人想成为她,包括很多中国的新商业创业者。在面对新时代的红利和商业机会的时候,供后来者借鉴的应是玛莎·斯图尔特的奋斗激情,这种激情有贪婪和偏执,但更多的是勤奋。

中国 *Value* 杂志的主编张志雄先生编纂的一本书里有这样的段落:

> 最后,我们也许应该提及玛莎的一双手,这是由一位她的好朋友发现的:玛莎的手从手腕往下满是创口、划痕和擦伤。指甲盖磨破了,指肚子上有一层厚厚的茧子。显然,这不是一位电视明星的手,而是一个干粗活的农民的手。
>
> 在格林尼治一样的优雅外表下,透过连绵起伏的草坪和预先设计好的假日自助餐会,这是一个勤劳刻苦的女人,她愿意黎明即起,喂养 120 只(头)鸡和山羊,两次修整花坛,撒播 500 磅的松树皮和泥炭藓,直到一切都完美无缺,无可挑

别，否则不会回家吃饭。在那张漂亮的脸蛋后面潜藏着一颗波兰农民的灵魂。她像俄亥俄州的橄榄球队一样目标明确、意志顽强，伍迪·海斯曾评价后者说，球队会一点一点地向前推进，每次三码，永不放弃。她双臂雪白而两只手伤痕累累，这就是证明。

似乎，每一位欲事业有成的商业人，都该向玛莎·斯图尔特致敬。

她足够勤奋，与时代无关。

第 6 章

白沟模式启示录

从北京玉泉营桥驾车上京开高速(北京—开封,G106 高速),一个多小时就可行驶到河北白沟。面积不大的白沟本地在籍人口只有 5 万人,加上外来务工人员,常驻人口也只有 15 万人。这么个不起眼的地方却是中国的箱包之都,年市场交易规模达 500 亿元,其中淘宝等电商平台交易额达 20 亿元。[①]

白沟的历史

宋朝以前,白沟就是重要的驿站。途径白沟的古驿路,北可达上京(今内蒙古巴林左旗南),南可达汴京(即汴梁,北宋都城,今开封)。"澶渊之盟"的白沟是宋辽的榷场[②],河道便利。元时,河上帆桨船可驶入大运河,往南直达浙杭;清时,火轮船可从渤海湾经海河开到白沟码头。这儿是一个名副其实的水路码头,商贸繁盛。

历史上的白沟,除了商业兴盛,还较早出现了牙行(早期的商业经纪,或中介人),有的家族专做牙行,竟然也代代相传几百年。

明末清初时,沧州等地的回民迁入白沟。回民受儒家思想影响小,较有经商意识。早期来到白沟的回民,求熟人作保,赊欠来一点粮面做成餐食贩卖。有的

---

① 白沟市场年交易数据参考自《白沟不再仅仅是一个市场》,《中国商报》2012 年 1 月 20 日,http://www.cb-h.com/news/sczb/2012/120/1212062E7H86GKJHK52692.html。白沟淘宝交易数据为阿里巴巴研究中心发布中国淘宝村现状调研报告,参考自《淘宝第一村　为何被赶超》,《金华日报》,2013 年 9 月 23 日,http://www.jhnews.com.cn/jhrb/2013-09/23/content_2937147.htm。

② 指中国辽、宋、西夏、金政权各在接界地点设置的互市市场,即现代讲的通商口岸。榷,即专利、专卖之意。

会几家赊欠一头牛、几只羊,宰杀后分几家售卖,卖掉后再凑钱还欠款。[①] 他们就是凭着勤劳,靠微利糊口,顽强地奋斗,经过几代人的努力,做出了有名的字号和商铺。

　　中华人民共和国成立后,白沟受到大时代的影响,商贸活动受到了限制。直到改革开放后,白沟市场渐渐活跃了起来,一度曾有"南义乌,北白沟"的流行说法。改革的契机使白沟的箱包业迅速发展起来,产业集群发展很快。全国箱包有四成出自白沟,出口业务也与日俱增。进入21世纪,电子商务的助力,更是大大加速了白沟箱包业的发展。

　　如果在地图上,将白沟、北京、天津之间用直线连起来,基本是一个正三角形。白沟距北京102公里,距天津108公里。白沟地理位置优越,但农耕却不发达,盐碱地多、土地贫瘠,当地人只能多经商,重视手工业。即使在"文革"时期,白沟公社下的每个生产队都要搞手工副业,以解决温饱问题。1971年时,白沟高桥村的一个叫张国卿的生产小队长,偶然见到有人在骑的自行车上加了个人造革的车座套。他感觉,这个东西他的生产小队可以做。车座套结构不复杂,用家里的缝纫机就能做。当时的中国已开始成为自行车大国,用上自行车座套,坐着舒服,还防止磨坏车座。

　　张国卿没有犹豫,说干就干,跟小队的人凑钱去北京买回了两捆人造革残次品和一个车座套成品。他们拆开买回的车座套,仿着样子做,一人会做了再教其他人。做好的成品先放到本地供销社代卖,接着便派社员背着大包的成品到山西、山东、天津等省市批发。1971年年底结算,张国卿的小队人均收入200多元。在之前,小队社员一天的工分才值8分钱。

　　一个生产队趟出了路子,其他生产队很快加入了进来。一时之间,白沟加工车座套规模壮观。1973年年底,白沟人从北京买了一个黑色手提包,回来后再拆开仿制,过了年便有了白沟生产的第一个手提包,从此真正拉开了白沟箱包产业的序幕。

[①]　参考平白主编:《白沟志略》,中国经济出版社2008年版,第275页。

但这个时期,仍是"文革"水深火热的时候,小队副业是集体公家生产,只是不需要集中场所,生产都安排在社员家里做。社员按照生产队会计分配的数量做,统一销售后记工分并结算。生产用的缝纫机是社员自己家的,有的社员完成定额后会用余料做点私活,然后以走亲戚的名义到临近县乡集市兜售。这个时期社员自家搞副业属于投机倒把的行为,有的公社和大队干部就会去"割资本主义尾巴",夜里看谁家灯亮着就冲进去查,抓住就没收机器。社员开始在家里玩起了"躲猫猫",夜里干私活时用棉被把窗子遮严,还安排家人放哨,把做好的成品藏到柴垛里。这种"打游击"持续到了1978年党的十一届三中全会。

整个20世纪80年代,中国到处都是经济商品短缺。只要做出的商品不是太差,都不愁卖不出去。原材料也是这样,尤其是实行价格双轨制要批条,火车车皮也得批条,运输物流是全国经济的大瓶颈。当时货车拉到白沟的人造革,不管白天黑夜都会被路口守候的白沟人抢购,经常是车还没停稳,就百十号人扒车疯抢,先抢到后再付钱。据《白沟志略》记载,这时白沟车座套日产量15万个,人口却不足3万人。持续到1986年,车座套渐渐卖不动了,白沟人都转而做起了箱包。

白沟的箱包一开始就面向全国市场,很快在白沟出现了各省市的收购代理人。代理人一般是白沟本地人,直接负责从白沟收购到成品后发往华东、西北、东北的市场。他们还负责验货、打包、发车等杂事。历史上的牙行,又出现在了白沟。

而原先偷偷做私活打游击兜售货物的家庭,也不再偷偷摸摸了。到了1984年,白沟修建起了白芙蓉市场,家庭式的销售也有了遮风挡雨的大棚。

家庭售卖的摊位很快挤满了白芙蓉市场,又延伸到周边街道和路边。每天能摆出上万个摊位,各地挤进白沟批发包的有数人,后来每天都有超过十万的人流。这个时候,脏乱差、流氓斗殴、欺行霸市等现象开始出现了,还出现了涉枪、涉黄的非法商品售卖。白沟的市场和商业似乎进入了一种极度混乱的无序之中。

这些问题,追溯原因是来自于当时白沟搞活地方的政策。在全国"黑猫白猫,逮住老鼠就是好猫"的开放搞活背景下,省级的领导视察指导讲"管理要便于繁荣"、"不要管得人不敢来了"。《中华工商时报》有篇《白沟谜底》的署名文章讲,

"白沟对刚开张的小贩和外来商摊尤其照顾",总结出不限价格、不分种类、不定形式的"三不",自由交易、自由议价、自由进出、自由贩运的"四自"。先开放、后管理,先发育、后建设,先繁荣、后文明的"三先三后"政策。

"三先三后"等政策在当时影响很大,每天进出白沟的人流里,除了客商,还有很多开发投资的,也有参观学习的。开放搞活,必然滋生出一些弊端和市场的混乱。

而从商业角度看,比这些更麻烦的是市场对商品的质量要求日益提高,而白沟箱包量多但质差。这一度引起了全国市场在 20 世纪 90 年代中后期对白沟包集体性的不青睐。有的箱包销售商甚至会神气地对顾客讲,"我们店的包是广东产的,不是白沟货"。

整个 20 世纪 90 年代白沟很忙也很乱,外界开始研究"白沟现象",各级领导到白沟视察指导,各国地区的外国人也到白沟参观,政府忙于接待。与此同时,"扫黄打非"等市场整治行动也成了政府的重要工作之一,其中又以 1994 年的"扫黄打非"攻坚战规模最大。直到世纪之交的 2000 年,河北省到白沟镇的各级政府在总结经验的基础上,确立了"发展与规范同步,繁荣与文明并举"的原则,白沟的商业生态从无序重新变得有序。

第一淘宝村

今天的白沟镇已经规划落实为白沟新城,从一个小镇升级为副县级建制镇(1992 年),又升级为副地级新城市,辖区面积达 118.5 平方公里。现在整个白沟中心城镇也不足 10 平方公里,但格局错落有致。西部从白沟河到富民路,是老城镇的平房,现在大多手工家庭作坊仍然位于该区域。中部从富民路到京白路,多是三层的厂房式小楼,多建于 20 世纪 90 年代,临街是门店,生产、办公、员工住宿、部分仓库都内置于一体,餐饮酒店、新生活小区等也多集中在中部。东部是新建的新城管委会、汽贸城、工业园和和道国际(华北城)①,都是进入 21 世纪以后规划建设的。

西、中、东的三块格局,也基本对应了白沟生产的格局。西部是家庭式手工作坊。"小作坊、大群体",几万农户每户几个人,原材料就堆在庭院或街道边,一台机器就能开工做包或加工周边配件。根据不同家庭的情况,这些作坊能够 24 小时昼夜不停地开工。很多箱包周边加工的作坊,例如刺绣、锁边、镶钻等店也是彻夜不熄灯,有来加工的立马就做。

中部多是小有规模的个体加工厂。电子商务公司也都位于中部,那些三层的厂房式小楼里有很多淘宝店,有的在一层还开有门店,直接销售成品箱包。有意思的是,很多门店都挂有"网包专卖"的招牌。所谓的"网包",就是专供网络销售的箱包。分散在白沟各处的成千上万家淘宝店直接从这些"网包专卖"店拿货,有不少是先在网上售卖,有订单了再来拿货;还有的是只在网上售卖,打包发货也由网包专卖店去做。另外,数十家快递公司门店也都开在中部区域,几乎国内能叫得出名字的快递公司这里都有。早晨八九点钟的时候,白沟的市场已经摩肩接踵了,这些快递公司门口人却不多,下午开始发货时人才多起来。最热闹的时候是夜里,每家快递点都有几十号人在过秤、打包、接待,门外是各种车拉来的快递件。大多快递价格是 5 元起。很多快递业务人员操作都很麻利,争分夺秒地收、寄件。

白沟的东部是中大型生产制造厂区。原先位于白沟南部的各大箱包市场也基本都迁入了位于东北部的和道国际。在这些大制造厂中,不乏一些著名品牌,也有跟韩国、意大利、法国的合资公司。除了这些公司的制造厂,白沟在国内外的很多地方都设立了销售点,甚至建立了白沟分市场,例如国外的俄罗斯、意大利等欧洲国家,国内的绥芬河、北京的雅宝路、洛阳、汉中等地都有白沟的分市场。他们还计划在东欧、南非、墨西哥等地建立分市场。

另外,在东部还分布着三个大的物流园。北物流园区 2006 年启动运营,占地 100 亩,投资 3000 万元;中物流园区 1997 年正式启动运营,占地 60 亩,投资 3000

---

① 白沟新城和道国际箱包交易中心,是由隆基泰和集团在白沟新城投资建设的大型国际化全产业链商业集群。项目总占地 7 万平方公里,总建筑面积 500 万平方米,总投资 500 亿元。

万元;南物流园区 2007 年启动运营,占地 30 亩,投资 1500 万元。①

最早的白沟成品都是客车带货,后来是小货车专运,现在则是海陆空一体。进入物流园的商品经由陆运到达全国各地,运到天津塘沽后到达世界各地港口,到石家庄机场后可以快速走航空,石家庄机场在白沟还开有城市候机楼。白沟每天客运量超过 5 万人,客运车辆 500 多班次,货运覆盖全国 2000 个县级以上城市,在台湾、香港还有中转站,可到达五大洲 130 多个国家。②

白沟现在整个产业链条参差有序。除了物流顺畅,在资金金融方面,白沟街头散布着各种银行和贷款担保公司,在制造方面也是上下游配合有序。这种有序非常高效,整个生态极富活力,还不浪费资源。例如,白沟东部很多大制造厂裁下皮革等边角料,当垃圾一样倾倒在厂区外面,就会有家庭农户用小车去收,收回去按照这些废料的形状做出各异的小钥匙包、小钱包(见图 6-1)。这意味着白沟生态有极大的自我降解能力,任何边角料都能变废为宝。

图 6-1　一位农户开三轮车捡拾废料

① 数据参考自王炳美、董耀奎、焦学丽:《白沟:立体物流,潇洒走四方》,新华网,http://news. xinhuanet.com/fortune/2009-10/21/content_12289019.htm。

② 数据参考自中国新闻网·保定新闻 2011 年文章《白沟新城打造现代仓储物流中心　建北方最大"无水港"》。

白沟的生态是一种自组织结构,对于这么大体量的一个生态结构,政府的绝对管理作用很有限,但白沟政府出台了很好的发展政策。德国理论物理学家哈肯(H. Haken)认为,按照组织生态的进化形式,可以将组织生态分为他组织和自组织,如果一个系统依赖外部指令就是他组织,不存在外部指令依靠相互默契的规则,协调自然地形成有序结构就是自组织。而更多的学者认为,自组织性越强,这个生态保持和产生新功能的能力就越强。

那么农户将工厂的废料收购去加工,再剩下的废料是不是就是垃圾了呢?我第二次到白沟调研时,发现夜里有三轮车到各垃圾集中地去收那些更细小的废料,据说带回去切碎黏合后还能做其他产品。除了生产流程上的自组织降解,白沟还有一个尾货处理队伍,当地的俗话叫"搬碴儿",他们有一整套的办法收到各种积压货,用摊点售卖、网店拍卖、联系外地经销渠道等方式很快就能处理掉尾货。白沟的自组织降解能力和效率,值得现在的任何一家商业零售或电子商务公司叹服。

根据阿里巴巴集团旗下的阿里研究中心发布的数据,2012 年全国开在村、镇的淘宝网店达到 59.57 万个,全国有 14 个典型的淘宝村。2012 年河北白沟以年成交额 20 亿元居 14 个淘宝村首位,义乌青岩刘村以年成交额 15 亿元居第二位。白沟有网店近 3000 家,年成交额在千万元以上的网店有 200 多家,带动从业人口 2 万余人。

与其他区域经济体不同

在研究白沟现象的时候,我经常拿白沟生态与珠三角和浙江的义乌、温州等地作对比。如果只是看表面,它们都是繁荣开放的区域商业体,也有一些相似之处,例如义乌与白沟一样,都是土地贫瘠、资源匮乏、不靠海,只能发展商业。但仔细探究,就会发现它们截然不同。有的差异体现在商业生态上,有的则需追溯到地域文化传承。

珠三角地区是典型的外向型经济,依靠出口,商业形态多是出口加工。后发的中山、顺德等地的电器生产主要针对国内,但还是侧重于出口。在出现国际化金融危机或国内进出口政策变化的时候,都可能对珠三角的经济发展产生影响。2008年全球金融经济危机袭来的时候,赶上国内政策向西部倾斜,珠三角经济大有崩盘之势。虽然珠三角的第一、第二、第三产业的结构搭配均匀,但依赖出口的特点决定了其经济发展存在结构性问题。现在很多经济研究者都在探讨2008年经济危机,有的人认为,美国很好地抓住了这一契机,完成了经济结构升级,通过重塑制造业,忍痛对服务业为主体的经济结构进行改良。这对中国的区域性经济发展有一定的借鉴意义。

温州也是土地资源不丰富,"农本"社会的温州人为了生存需求,必须走出去,到别的地方经商。温州人被喻为"中国的犹太人",历史上的"永嘉学派"①最早提出了"事功"思想,温州人务实又圆融,尤其是懂得认真做生意。温州人还不怕风险,他们不会因为爱面子而不做小事和小生意,反倒认为是好机会。他们还愿意与同乡分享商机,温州人到了某个地方做生意,如果做得好,就会将同乡也带来,他们就会在那儿形成商业集群。这就是在全国各个城市都能看到的温州街、温州村、温州城。温州商人可以到山西炒煤,到各地炒房,到国际上炒石油,抱团意识非常强。这又决定了他们的家乡观念比较淡化,可以在任何有生意的地方扎根。这些特点又能追溯到文化传承上,滨海的温州信奉妈祖,海洋文化影响着温州人。包括温州及周边的台州等地,旧时他们可以跟海盗做生意,经济不发达时他们也能跟走私贩子买商品。只要有足够的吸引力,他们的商团能"攻占"地球上任何一个地方。

温州与同属浙江的义乌相比,量级上不同,一个是地级市,一个县级市;文化到经济形态也有极大的不同。温州讲抱团,义乌人比较擅长单打独斗。改革开放早期的两地商业起步都有着鲜明的"人格化"特点。例如,本书前文提到"鸡毛换糖"的义乌精神,就是因为义乌人敢于吃苦,不怕受累,可以挑着货四处贩卖。义

---

① 永嘉学派是南宋时期在浙东永嘉(今温州)地区形成的、提倡事功之学的一个儒家学派,是南宋浙东学派中的一个先导学派。这个学派认为道存在于事物本身(物之所在,道则在焉),他们提倡功利之学,反对虚谈。永嘉学派一度与朱熹理学和王阳明的心学分庭抗礼。

乌人可以不靠老乡朋友,他们更尊重市场规则,偏爱法制化的市场交易。我多次到义乌调研,发现义乌的治安环境好得离奇。比如有人开车出去,停了车可以不用摇车窗就下车办事去。去街边 ATM 取钱,车可以不用熄火。大街上有人拿着几万块人民币,边过路口边数钱。据说,如果一个外地人和一个义乌本地人发生纠纷,治安管理人员会向着外地人。

而与白沟相比,义乌是个商贸集散地,只要能想到的小商品在义乌都能找到,但义乌本地很少有这些小商品的生产厂,许多小商品其实都是在义乌周边的浙江其他城市或者邻近省市生产的。义乌相对保守,这还反映到当地的电子商务发展上。电商业内的人士都知道,义乌的电商规模远不能匹配线下的体量,这也是因为义乌的线下商贸已经非常成熟了,没有什么动力做电子商务。

而白沟跟这些区域商业体都不太一样。首先白沟比较专注于箱包业,虽然也发展其他的小商品,但这些倒更像是为白沟及周边本地服务的。

如果一定要找与白沟相似度高的区域,我倒是认为被称为"鞋都"的福建晋江(晋江是县级市,隶属于福建泉州,标志性的"中国鞋都"市场位于晋江陈埭镇)有与白沟着很多相似之处。晋江陈埭镇是全国最大的鞋产品生产地,产量占到全球鞋产量的 8.5%。同时,晋江也是鞋的加工、商贸产业基地。晋江鞋业生产经营企业达 3000 多家,年产量 7 亿多双鞋。晋江人比较豪气,也霸气,他们重商、有乡土情结、有宗族观念、也有些大男子主义。他们能吃苦,能闯、敢拼,于是成就了今日的"鞋都"。这些都跟白沟人很像,但也有不同,晋江富裕但保守,还常被网友评论为排外。

白沟的销售渠道非常多元,特别丰富。白沟的市场是个立体化的销售全景,大中型箱包厂都有自己的销售队伍,能跑到全国和国际上推销产品。白沟的箱包制造公司还有销售人员专门跑订单,小型的箱包厂和家庭作坊能在摊点上零售。还有公司做直销,与固定的外地客商长期合作,先发货后结算,一干就是几年。另外,白沟在国内和世界各地都有代理和经销点。在和道国际的摊位式项目门店,有时几家公司共租一个店面,每家用一面墙,箱包挂到墙上就开卖。

白沟的箱包在国际出口上占的比重也很大,在白沟 1000 多个箱包品牌里,年产超过 6 亿只包,其中出口海外的不低于 1.5 亿只。但这种出口生意在金融危机时也受到了影响,这又为白沟电子商务的加速发展提供了动力。现在白沟不仅有足够多的淘宝店,白沟包还出现在了京东、亚马逊等电商平台。白沟还有了几个本地的电子商务批发平台,在阿里巴巴国际站等其他对外电商平台上也有不少白沟商家。

如果说珠三角依赖出口,温州人走天下,义乌是小商品的海洋,那么白沟却形成了一种商业全生态。白沟箱包产业链条的全部环节都在白沟。白沟的核心是制造,虽然目前白沟的箱包大多还只是定位于中低档,但许多客商会到白沟来采购进货。也就是说,白沟完全可以不用走出去就能卖掉成品包。白沟的这种商业全生态原生性太强,他们不用做东奔西跑的生意。

义乌本地人口约 70 多万人,常住人口 180 多万人,外来人口超过本地人口。而白沟本地人口只有 5 万人,外来人口超过 10 万人,外来人口比例更大。

这就是白沟的商业人格化有意思的地方。他们似乎就是不愿意走出去,他们做生意的传统是"你们来就行了"。历史上,在白沟曾出现过山西会馆,但是没有任何一个地方有白沟会馆。

白沟人也是开放的,但他们的开放却不排斥外面的人进来。这就是漫长历史积淀下来的人文传承,这种人文精神特点是既自信又自负。《白沟志略》开篇就道出了白沟人的这种特点:"他们认为自己没有做不了的事。偏于一隅而又胸怀宇宙,天上事晓得一半,地上事全晓得。一个外地人同白沟人闲聊,只能静听其神侃得意气风发。他们对任何事情都喜欢发表一堆云里雾里、不辨东西、不明所以、不知所云,说过之后又迅速忘记的见解。"

同样在这本白沟人自己编纂的志略中,对白沟的商业也有同样的描述:"白沟人很容易满足,甚至有点得过且过,他们不嫉妒别人,也不怎么羡慕别人。如果在自己的后院就能获得,为什么还要走出去奔波?"

现在看到的所有的白沟现象,都来源于历史和地理的人文传承。作为自古的水路码头和商品榷场,白沟人在家门口做生意就能过得很惬意:"你千万别跟白沟人探讨'什么是幸福'这个题目,探讨的结果也得不到让你振奋让你鼓舞的答案。

这没什么奇怪,因为不同地方的人常有不同的幸福观。什么是幸福?北京人看当没当上官,上海人看挣没挣到钱,白沟人似乎都不比这个,只看自如不自如。"①

近年来,全球化的劲头势不可挡。但如果从另外一个角度看,全球一体化的"地球村"既带来了各种便利,也带来了风险。例如,一国的经济危机会迅速感染全球。而在美国人杰里米·里夫金所著的《第三次工业革命》中讲到,Wi-Fi 等第三次工业革命物流基础设施的建设,将加速洲际经济和政治联盟的形成,绝大多数的商业和贸易会落在洲际内,全球化会被洲际化替代。②

面对新时代、新商业,包括我在内的绝大多数互联网从业者和行业研究者可能都无法给出准确的发展预估。而白沟这样相对"封闭"的特色区域经济体,能够为互联网新商业的发展带来不少有用的启示。

真正的 C2B

白沟的核心力在于生产效率,白沟人聪明、善模仿、能跟风,还善于发现商机。早在 20 世纪 80 年代,物流和信息还都不发达,白沟人看到电视上香港女人背的包,第二天就能仿制出同一样式的包。随着改革开放的深入,经济信息繁荣起来。各种品牌越来越受到市场欢迎,白沟人没想那么多,什么牌子好卖就仿制什么牌子的包。这一度使白沟成了假包产地,接着就受到了市场的惩罚:假包没人买。另外,有些外部品牌看准了白沟的生产能力,将设计好的包样交给白沟做,做好后贴上自己的商标来销售,白沟只赚到了加工费。逐渐意识到市场规则的白沟开始打造自己的品牌,结果一下子出现了上千个品牌。2014 年年初,白沟管委会出台政策,能被评为中国驰名商标的企业奖励 100 万元,被评为省级著名商标的奖励 50 万元,评为市级知名商标的奖励 10 万元。现在到和道国际箱包城,已很难寻到仿牌的包了。

---

① 平白主编:《白沟志略》,中国经济出版社 2008 年版,第 15 页。
② 参考杰里米·里夫金:《第三次工业革命》,张体伟、孙豫宁译,中信出版社 2012 年版,第六章"从全球化到洲际化"。

　　白沟的产业观念和结构都在改变,唯独快速生产能力没有改变,而且越来越快。这种快,除了白沟人主观上的聪明、动手快之外,巨大又分层的制造能力,辅料、原材料库存以及丰富繁荣的辅料市场都是决定性的因素。

　　现在的白沟人拿到一个新的包样,半天就可以制作出样品,当天就能发给客户。这种过程对客户来说是高效的,他只需要把包样交给一个白沟人,无论这个人是裁大样的、做油边的、做压花的、做质检的,还是做五金附件的、提供原材料的、跑快递的,都没关系。他们会自动找到初始制作工序的作坊,一个工序完成了,自动流转到下一家。加工费大家各自清楚,暂时赊欠,集中结算都没问题。如果某一工序的作坊无法完成,也很容易找到替代者,因为彼此都很熟悉;有些工序还能同时开工,比如某一配件的加工、裁料、上线可以同时做。各环节如此高效地衔接,很快就能完成所有工序,质检没有问题就可以装袋装箱,交给快递公司。

　　这种原生的 C2B 模式,不正是几乎所有搞电子商务的公司正在追求的吗?

　　C2B(Customer to Business)最早是阿里巴巴的总参谋长曾鸣提出的概念。C2B 依赖于柔性化生产、个性化营销、社会化供应链。在这一概念的倡导下,不少知名企业和品牌都做了几年的尝试,做出了不少可定制的模块由顾客选配,但下单后需较长时间才能拿到成品。截止到现在,似乎平台、生产商、商家、用户都只是在尝试之中,没有任何一家企业已经完全实现了 C2B。另一方面,商业理论界做了大量研究,有人提出了 C2B 的演进矩阵,即先由群体价格定制过渡到个体价格定制和群体产品定制,最后过渡到个体产品定制。也有理论研究认为 C2B 应按商业环节分标准化产品、模块化组合、参与设计、参与生产、原材料定制去演进。这些理论研究都有合理性和科学性,但什么时候才能实现呢? 柔性化生产、个性化营销、社会化供应链这三个 C2B 基础性支柱,哪一个都难以在短时间内摸索出成熟的路径。如果真如曾鸣教授讲的需要 10～20 年的时间,那么对立足于当下的商家来说有什么意义呢?

　　媒体和职业评论家非常喜欢新名词,因为可以造出无数的话题,但每个话题和产出的文章似乎都是口水,飘忽不定,没法落地。

　　所以,曾经有人质疑,C2B 是个伪命题。

伪命题就很容易变成肥皂泡,后来又有很多评论者发散地将 C2B 扩展到服务业,提供在线法律服务的网站是 C2B,提供网络贷款的也是 C2B,大有被滥用之势。犹如 2013 年的"互联网思维"概念,上半年被炒得炙手可热,年底时就被批得一无是处,有意思的是,"捧"跟"批"的是同一批人,他们只是动了动嘴,而辛苦做事的商家最后傻眼了,痛心疾首又无可奈何,即使没有钱的损失,浪费的精力也无法挽回。

造成这种中国科技媒体乱象,绝非高瞻远瞩的理论提出者所希望的。关于 C2B 也是一样。

还是用本书导论中的"产品—服务—用户"模型来看,C2B 远没有合适的产品出现,服务还处于"柔性化生产、个性化营销、社会化供应链"这三条正在缓慢进化的趋势,用户也没到非 C2B 就不能活的程度。如果说定制对用户很有必要,那么用户到淘宝网上检索合适的商品就可以了。这么讲淘宝网才是一个 C2B 生态,那么 C2B 就该是平台商玩的,商家玩这个不是找死嘛。

话虽然讲得不客气,C2B 的理论和方向却没有任何问题。但现在来看,C2B 的"产品—服务—用户"中,短期内没有一个能转起来的要素。什么时候 C2B 能转起来?至少要等其中一个元素已经完全成熟才行。

目前只有搞基础研究的商家部门或机构,才可以在无市场效益的压力下尝试各种 C2B 的可能。目前已经有品牌商和企业顽强地做出了一些 C2B 的尝试,有的还收到了不错的反馈效果,期盼更多的落地尝试能够将真正的 C2B 推进成熟。

在这些尝试中,可能白沟的商业生态能够给出不少有用的思考。

超级有机体

C2B 还只是白沟生态自然生发出的一种商业特点,这种特点就是圣塔菲研究所(Santa Fe Institute,SFI)的科学家们在研究复杂系统时提出的"涌现"理论,英文为 emergence。涌现即那些高层次具有,而还原到低层次就不复存在的属性、特征、行为和功能。现在涌现已经成为复杂性科学中的常见概念,在商业、经济、计算机和游戏娱乐等方面都有典型的体现和应用。

涌现最好的生物实例就是蚁群或蜂巢。每只蚂蚁和工蜂都是非常简单的个体，它们只遵循简单的交互规则，但它们作为一个整体，都是智慧的"有机体"，科学研究发现蚁后和蜂后都没有超级大脑，也不存在任何一个个体能够成为集体的中心，但它们能形成足够智慧的分工去觅食、搬运、建巢穴、养幼崽、甚至群体战斗（见图6-2）。

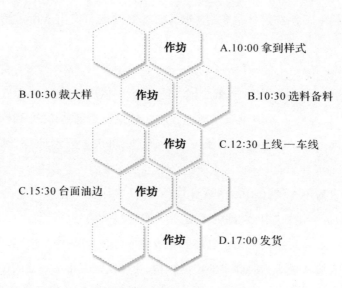

图6-2　白沟"超级有机体"理论示意

对照白沟的生态，客户可以在一天内拿到箱包成品，这个过程对客户是透明的，客户很容易知道产品走到了哪个工序。事实上已经有在白沟的IT从业者在考虑将箱包制作工序通过短信、微信或网页反馈给客户，让客户像查看快递"订单跟踪"数据一样看到生产工序的进度。即使没有这个功能，客户打个电话就可以直接询问现在的工序环节。而白沟之所以能做到这些，就是在于集群化的产业发展、丰富的配套产品生产，也包括作坊式的生态。

如图6-2所示，和蚁群或蜂群一样，白沟的政府或商会对产业的行政性干预很少，白沟的生态是自组织形式。

　　白沟的某一个家庭作坊,能做的事情很少。但当这种作坊集群到一定规模,似乎突然就能做足够复杂的事情。这个规模的点,就是理论上讲的"自组织临界"①。

　　换一个视角看,生命体就是一个自组织系统。生命有机体的基本组成是细胞,智能化的整体可以从外界获取能量,有修复性和生长性。整体是有序的,熵②是减少的。这样一来,白沟生态就是一种超级有机体,而这种商业超级有机体是任何一家高效率的企业都难以企及的。

　　白沟之外的国内其他区域经济体也形成了一定程度的自组织,但似乎对外界的依赖比较大,其他经济体的风险和脆弱性便在理论上显现了出来。

　　也正如本章所叙述的,"自组织性越强,这个生态的保持和产生新功能的能力就越强",也就是创新能力越强。白沟生态的创新多样性,目前来看还远没有发挥出来。

────────────

　　① 1987 年,丹麦籍物理学家 Per Bak 等人对砂堆模型(Sandpile Model,BTW 模型)进行深入研究,提出了自组织临界性(Self-organized Criticality,SOC)的概念。现在,SOC 已经成为当代非线性科学的一个重要领域。沙堆模型大体意思是沙子一粒一粒落下,开始时沙堆逐渐增高,高到一定程度时,每一粒沙子落下都会引发整个沙堆的坍塌。由此产生了"自组织临界"理论。

　　② 熵(entropy)是一个热力学名词,意为孤立的系统,分子的热运动总是从原来集中、有序的排列状态趋向于分散、混乱的无序。系统从有序到无序,熵总是增加的。

第 7 章

闪亮登场自商业

"这是一个梦想闪耀的时代,这也是一个理想冷却的时代;这是最坏的时代,这也是最好的时代,这是我们的小时代。"

这是电影《小时代》的一段文案。

在郭敬明自编自导的这部电影上映之后,立马引来了各种呛声。但是,《小时代》却不紧不慢地将近 8 个亿票房收入囊中。①

如果说能影响到绝大多数人的意识环境被称为"大时代",能影响到少数人的就是"小时代"。80 年代的个体户、90 年代的股民、21 世纪头 10 年的网络弄潮儿,这些都是当时大时代背景下的商业新锐。21 世纪的第二个 10 年里,成为商业潮流的已是小时代经济。

与体制说"再见"

任何国家(或地区)的经济与商业,都有一套体制。经济体制是国家经济商业结构的基本形式,人们常接触到的国有经济、集体经济、民营经济,这些经济组织再加上它们的国家管理机构和各种制度,构成了现代中国的基本商业体制。

在基本商业体制框架内的国有企业、集体企业、民营公司都有各自的运行机制。商业机制,就是指这些商业组织内的各部分组成及其相互关系。国有企业和集体企业基本的组成部分有生产部门、销售部门、行政和服务部门。民营公司相对灵活一些,可以仅有核心的业务部门,其他的业务都外包出去,例如很多小民营

---

① 新浪娱乐报道的 2013 年 12 月 27 日《2013 内地票房总结》一文指出"《小时代 1》及《小时代 2》累计票房超过 7.7 亿元"。见 http://ent.sina.com.cn/m/c/2013－12－27/08114069779.shtml.

公司没有自己独立的财务部,财务工作外包给专业的财务公司。

随着中国改革的逐步推进,国有和集体企业的运行机制也在开放,越来越多的公有制企业也开始选择外包业务。

公有制企业往往员工多,科层制严谨,组织复杂。巨大资源协调的商业项目由公有制企业来做的多,它们要承担组织管理成本。民营公司也存在管理成本问题,公司规模越大,员工越多,管理就越复杂。

简单来看,商业公司在发展的过程中,公司越来越赚钱,规模越来越大,管理越来越复杂,各部门或员工间的沟通成本越来越高。不幸的是,一般企业文化下的管理成本增长曲线会比利润曲线更陡峭。从逻辑上讲,一定会存在一个点,到了这个点,公司利润会全部被内部管理成本吃掉。这个点,在著名经济学家科斯的早期论文《企业的性质》中有完整的定义:在企业内部组织一笔额外交易的成本等于在公开市场上完成这笔交易所需的成本。[1] 后来这个点被称为"科斯天花板"(Coasean Ceiling)[2],见图 7-1。

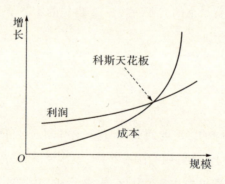

图 7-1　科斯天花板

一家普通的民营公司,实际上根本不用达到"科斯天花板",就会因管理层和员工丧失信心而倒闭。但换成一家国有企业,却可能会越过科斯天花板继续生

①　罗纳德·哈里·科斯:《企业、市场与法律》,盛洪、陈郁译,格致出版社、上海三联出版社、上海人民出版社 2009 年版。

②　克莱·舍基:《人人时代:无组织的组织力量》,胡泳、沈满琳译,中国人民大学出版社 2012 年版,第 36 页。

存。国计民生的重大经济行业不能频繁动摇，这正是发挥干预调节的优势。

对照图 7-1，一个利润指标，一个成本指标（图中的成本曲线不是公司的全部费用成本，仅指内部管理成本，所以后文称为"准财务指标"），貌似能构成一个"准财务指标"——成本利润率。成本利润率要想最大化，规模坐标轴要往左回到最小，那么极端的规模最小就是公司只有一个成员。

一个人的公司，可以做到成本利润率最大，这似乎是个笑话。一个人的公司，还叫公司吗？即使一个人再能干，精力也是有限的，绝对不可能产、供、销、客服完全由一个人来做吧？

这就要讲到公司组织的存在性，在科斯的理论中对"企业为什么会存在"也有说明。科斯认为，商业交易是存在交易费用的，交易费用的构成有两部分，一是买卖双方互相寻找的成本，另一个是履行合约的成本。以"三年老母鸡"为例，北京的家庭主妇理论上可以直接找到沂蒙山的农户买鸡，但可想而知有多么复杂。除了要找到合适的农户，还要确定鸡的质量以及如何快递等一堆麻烦事。而通过"三年老母鸡"，就省掉了那些麻烦。最关键的是科斯关于交易费用的第二条——履行合约，"三年老母鸡"卖家的诚信保障了履行合约的低风险。

"三年老母鸡"没有成立公司，但这个小小的"生意"，其实就是一个人的商业组织。这种一个人的商业组织，与改革开放初期的"个体户"还不太一样。20世纪 80 年代的个体户受地域、交通、信息的制约太大，能赚到的钱极有限。当然，当时的"万元户"已经很受艳羡。

现在人们用手机上网很方便，物流和运输与 30 年前相比也发生了巨变。地域、交通、信息对个体户的制约越来越小。偏远地区的人们也可以直接和一线城市的顾客做生意，甚至可以跟外国人做国际生意。

不只是偏远地区，各种商业机制做生意的交易成本都在降低。交易成本降低后，企业少用人也同样可以达到预定的业绩。这不是在颠覆科斯定律，而是对于科斯定律应有新的解读。科斯定律不只是说明"企业为什么存在"，而是说明"商业为什么存在"。"三年老母鸡"和乐活良品都是在为顾客寻找他们想要的"商品"，而传统的、正儿八经的商业体制无法提供这种"商品"。这种供需缝隙，就成了它们存在的逻辑基础。"三年老母鸡"和乐活良品不需要传统的做广告、打品牌,他们采取的方式可以看成是自营销。自营销的共同特点是:立足于互联网工具和社会化平台,不需要传统的销售推销过程,一旦在顾客圈子传播开来,生意会非常好。

除了自营销,它们还有个特点:完全自由、自主、自立,不需要将生意做大。他们做自己喜欢的生意,维持特别小的团队,甚至是一个人也可以把整个生意玩转。他们脱离了体制化的商业组织仍然活得不错。在遇到各种变化的时候,他们还可以快速转型,再去做另一件更喜欢的事情。这种不依托某一公司组织的个体"生意"越来越多,方式也越来越多样,这预示着一种新的商业机制伴随着移动互联网诞生了。这种新的商业机制,释放了个体的自由,人们可以自由地选择大组织内没法做的一些事情去做。

红利大转移

早期到电子商务网站买东西的顾客,几乎都是因为图便宜。这可以看成是中国网络消费第一阶段,这一阶段大约持续了 6 年时间,具体是以 2003 年淘宝网上线为起始标志,一直持续到 2009 年。经过这 6 年的发展,中国电子商务市场成熟了。用"产品—服务—用户"模型看,其中的产品要素是复制了美国的 eBay、Amazon 等的 C2C、B2C 模式,服务是淘宝网、当当网、京东商城等电商网站自己摸索出的运营经验,经过 6 年时间,用户也接受了网络购物这种方式。对于现在的用户来说,不只是小件商品,连电器、汽车等大件商品也愿尝试在网络上交易。

在三要素中,最值得说明的是服务。京东商城将服务作为核心特色,首先从一线城市打造高效、快速的配送服务。淘宝网最有特色的是 DSR(Detail Seller Rating,店铺动态评分系统)①,这成了淘宝商家、网购顾客、淘宝小二共同关注的核心指标。唯品会则将闪购模式搞得风生水起。熬过来的美团摇摇摆摆坐上了

---

① 淘宝买家对卖家的服务评价,主要有三方面内容:宝贝描述相符度、卖家服务态度和快递发货速度。

团购网站第一的位置。

从 2009 年到 2013 年,可看成是网络购物的第二阶段。这一阶段的特点是,消费者已完全接受了电子商务,他们在享受网络购物便利的同时,很多日用品、快速消费甚至吃穿住用行等刚需消费品都从电商网站上购买。渐渐地,刚需消费品成了电商售卖商品的主体。网购顾客面对的是网络上海量的"过剩"商品,怎么快速找到他们需要的商品成就了各种商品搜索服务。商家想让顾客找到自己,就得从搜索服务商那儿买排名,淘宝直通车就是在这个阶段出现并迅速成了淘宝网的盈利引擎。B2C 电商网站在 2009—2013 年这一阶段,除了完善自身运营能力,还没忘记打"价格战",甚至一度在媒体文案中争起了"价格屠夫"的称号。这一阶段的电商,犹如蜡烛两头烧,一头得讨好消费者,一头得花钱买流量。

第二阶段的这 4 年特别残酷,从理论上看,就是将传统电商的渠道红利全花在了广告推广上。运营能力不好的电商,库存没管好、应收账款没管好的电商都快速地成了炮灰。

竞争越是残酷,就越会酝酿新机会。最先淘宝网上出现了一些有特色的小店。这些网店基本不参加淘宝网的收费活动,从来不买直通车流量,主要通过购买者的口碑传播,业绩也不错。它们有的是产品好,有的是服务好,有的是与买家的互动做得很有意思。不少这种特色网店还有一个"标配",那就是都在新浪微博上有一块阵地,而且在这块阵地上花了不少心思。他们跟买家、商品的不少互动都在微博上完成。

除了这些淘宝小店,另一端的 B2C 网站也意识到电子商务不应再继续粗放型经营,而应深耕已有顾客。除了当当、京东等前期电商公司,苏宁、银泰、万达等传统零售巨头也开始在自己的电商平台上倾注资源。这个时候的电商公司是集体躁动,早期的软件厂商包装出的电子商务客户关系管理(CRM)概念被盲目地集体推崇。行业和电商公司的潜在风险被喧闹和浮躁厚厚地遮蔽了起来。

然而不可否认的是,电子商务与网络购物的第三阶段来了。如本书第一章所描述的那样,2009 年是移动互联网的起步年,2013 年移动购物才真正开始。这第三阶段,应是以 2013 年移动购物的成熟为标志,其本质是电商红利的大转移。传统电商的盈利本质是渠道红利,新型电商却转化为营销红利,即通过自营销方式,用口碑传播和用户互动等办法完成线上线下交易,不再购买品牌广告和付费流量,而是长期维护自己的已有顾客,不断完善自身的经营能力,打造出与顾客、用户、供应、代理、线上、线下等多方共赢的生态圈(见图 7-2)。

图 7-2　互联网商业红利大转移

如果不出现大的事件和经济动荡,未来至少十年的新商业红利,将会是用自营销等方式化解掉传统营销成本。而自商业的重要特征,也是将营销成本转化为营销利润。

营销主体的变化

2013 年,引领中国本土公关业的蓝色光标(蓝色光标传播集团)将旗下的蓝色光标公共关系机构改名为蓝色光标数字营销机构(简称蓝标数字,Blue Digital)。这一事件除了标志着蓝色光标向数字化、全球化战略转型,背后也透露出移动互联网时代营销业的巨变。

各种传播公司,包括商业公司自己的营销传播策略,都将更加贴近消费者,更多地在互动沟通环境下展开商业活动。

营销是一个古老的概念,从有人类做商品交换开始就有了营销。营销伴随着商业而发展,早已形成了一整套的科学研究体系。传统营销是一种交易营销,即将尽可能多的产品和服务提供给尽可能多的顾客。传统的营销管理科学,是将商业公司自己作为研究主体,准确来说,是以公司自己的销售员工为主体。通过营销漏斗的过程控制,以科学的管理方法提升每个环节的转化率,从而促成商业客户的成交下单。传统商业体的方式都得先树立品牌,以获取受众的关注;然后通过市场化的活动,使受众能够接触到他们的商品或服务;最终还需要销售力量来"推"一下,才能最后下单成交。基本的销售漏斗过程是:品牌—市场—销售—成交。①

在中国电子商务发展的第一阶段(2003—2009 年),几乎全部的 B2C、C2C 商家都采取了传统销售管理科学的做法。很多依赖于互联网的新商业公司也依赖着这种传统的销售过程。如携程、艺龙等 OTA(在线旅游代理)网站,早期也是到机场、车站等客流大的地方"堵"旅客,"强塞"他们的小广告会员卡。传统公共、广告等传播公司,也是在这样的四步销售过程中提供专业服务。

到了电子商务发展的第二阶段(2009—2013 年),传统的营销科学首先遇到了问题,因为互联网和数字化带来了高度透明,高度透明的结果就是可以快速被复制,机械化的管理科学更是没有秘密可言。在电商网站买关键词广告,或者参加打折促销活动,都很难在保持利润的前提下提升顾客的重复购买率。

目前的网购群体可大致分为以下三类:第一类电商网购顾客是图便宜,第二类顾客是刚需顾客,这类顾客已是电商第二阶段的主体。第三类顾客则是通过口碑传播方式吸引来的顾客。这类顾客容易提升重复购买率,也容易转化为忠诚客户。

分析第三类顾客的购买路径,会发现他们的购买遵循这样的流程:被某一商品或品牌吸引注意力,其中有部分人对该商品产生兴趣,又有小部分产生了购买意愿,接下来可能都不需要与客服沟通就自行下单了。从中我们不难看出,如今,电子商务和互联网新商业营销科学的主体已经发生变化,从以销售为主体变成以顾客为主体。而以顾客为主体的过程漏斗变成:注意—兴趣—意愿—成交。

事实上,第一类图便宜的顾客会越来越少,第二类刚需顾客正大量转化为第三类口碑顾客。对商家来说,已经先入为主的社会化营销、SCRM(社会化客户关

---

① 杨健:《移动电商时代:营销主体已变》,《成功营销》2013 年第 12 期,第 102 页。

系管理）、大数据等概念并不能成为生存利器。

现在移动互联网将电子商务推进到了第三阶段（2013 至今），商家被频出的概念搞晕了，那些概念并没有错，有科学依据，初衷也是好的。快速地推出一个概念，然后又快速地否定它，背后的问题恰恰出在商家身上。面对时代大潮，商家需要做的是转变观念，那就是从以销售为主体的营销管理转变为以顾客和用户为主体的运营管理。

而我们往往会低估观念转变的难度。仍参考本书导论中推荐的"商业发展必然规律"，观念转变的张力一定同时伴随着羁绊它的向心力。观念变了，战略指标就会变，已有的团队结构和利益方诉求都需要进行沟通和调整。有效的观念转变是一种艺术，既不能太快，也不能太慢。按照"产品—服务—用户"模型，太快的结果是产品和服务都超前了，用户却没有跟上来；太慢的结果是用户已有了新的诉求，陈旧的产品或服务就成了瓶颈。两种没掌握好的节奏里，更多的问题出在太慢上。因为观念的转变不是口头上说变了就能变，人员知识结构和产品服务结构往往滞后一大段，对这些结构的改造才是新商业掌舵人和电子商务商家应优先、持续进行的工作。

基础价值观

"你幸福吗？""我姓曾。"

2012 年 10 月初，央视记者走基层街头拦访时得到的这段"神回复"，一时间成为网络热议话题，后来这个段子还被编进了各种搞笑视频和微电影中。观者在捧腹的同时，似乎每个人都在问：自己幸福吗？可能每个人都承担了各种现实的压力，甚而充满了各种焦虑。

2014 年春节前后，歌手王铮亮的一曲《时间都去哪儿了》引起了数亿国人的情感共鸣，上至国家主席、下至平民网友都被此歌触动。这背后反映的也是关于幸福的命题，面对多元化的时代，我们并没有准备好。

中国社会科学院哲学研究所研究员赵汀阳在他的《论可能生活》一书修订版

前言中写道:"至今我仍然坚持认为,幸福和命运是哲学的两个最根本的问题。如果没有这两个问题垫底,其他问题都是盲目漂流着的。"他从哲学层面讨论幸福,认为现代社会如此强调个人利益和个人快乐,以至于损害了自身的幸福,而之所以会失去幸福,也是因为没有人打算给予别人幸福,每个人都欠着别人的幸福。

分析当代中国人的不幸福,除了全球化、多元化的时代性,也不能忽视历史传承和文化背景。在文化学者看来,中国人是缺失信仰的。也有人认为,填充传统中国人信仰的是"拜权教",后来又发展出"拜钱教"。通俗来说,追求的是权与钱。这就必须提到现代中国人的职业与职场。

在今天的职场中,普遍存在着加班现象。尤其是一线城市白领,每天在公司工作十几个小时的大有人在。分析加班的动机,基本有两类。

第一类,大多数都倾向于"加班是为了更好的生活"、"加班拼个 20 年,然后早退休"此类观点。在这样的观点背后,能感觉到职场人咬着牙在坚持。这是一种煎熬,当然无法带来快乐,更谈不上幸福。如果换个思路来看,"生活好,是为了更好的工作",想着"工作多好玩啊,我们要工作四五十年呢,可不能 20 年就消耗完能量",方向颠倒,感受就大为不同。

第二类,常有人提到"老板就是个加班狂,我们只能迁就他"。其实,工作成效跟形式没有关系,应该改变老板的"无理要求",让他关注成效和结果。但是,让员工这样做是很难的,很多时候因为"畏惧"或"依赖",他们不敢去对老板讲。员工一般会认为老板都跋扈又霸道,但很多时候只是因为老板不知道员工的心思。

第一类加班动机根源在于追逐金钱,认为钱多了就可以早退休,为了钱可以做不快乐的事,这就是"拜钱教"。第二类加班动机根源在于权力,公司组织也是个权力结构,权大一级压死人,骨子里媚权,这就是"拜权教"。权钱名利可能会带来快乐,却很难带来幸福。

关于中国人的传统价值观,文人学者历来就有极端的两极评价。一极是仁义礼智信、天下为公,另一极是脏乱差、窝里斗的奴性。这两种评价,都指向了价值一元。即使在中国改革开放数十年和互联网快速发展的时代,多元化价值观还是没有建立起来。但能够看到的是,多元化价值取向正在渐渐渗入我们的基础价值观。

造成这种基础价值观改变的,依旧是时代。在工业化时代,个体是组织的依附,所有的企业管理学家都不否认效益组织是对部分人性的相对剥夺。新希望CEO、管理学家陈春花教授曾讲到,"美国人发明的绩效组织管理,解决了对人的依赖,组织产生绩效,因此而伤害了个人。这也是在欧洲人看来难以接受之处,欧洲人重视个人,但欧洲人又不得不接受'美式管理'的绩效"。

在中国 IT 产业发展初期,有的公司会封掉员工电脑的 QQ、封掉淘宝网、甚至连电脑 USB 接口都封掉,这种管理还是将员工看成了工具。而现在,在任何一家公司,员工都可以用智能手机快速越过那些可笑的封锁。传统营销的效果还不及员工发微博的传播效果来的好。一线员工做出的决定,可能比汇报链条最末端的老板的决策更有效。

这种移动互联网时代带来的变化,不只是对中国造成影响,全球的管理组织都面临着新管理课题的挑战。这就是移动互联网时代的一个基础价值观:要重视公司内个体的价值,要让个体的人充分发挥自我的存在感,而不是依旧作为一个组织的依附。

回到加班这个问题,相信没人喜欢被动加班,员工只有在对所做的工作有高度的认可和需要时,才不会疲于加班。以前这种高度的认可和需要,只有公司的真正老板才有,职业经理人都没有。

作为个人的职业观念,如果依旧抱有"拼个 20 年,然后早退休"的想法,不是不可以。但你可能很快会发现自己始终在"拼",永远在"拼",总赶不上快速的变化。最后使之停下来的,不是积累了足够的财富,而是拼不动了,认输了。

现在也有越来越多的公司和公司老板有了尊重互联网的主观意识,他们认可组织内的每个人,通过管理和协作使个体价值充分发挥。但这并不代表着公司一定要创造一个开心快乐的工作环境,有时开心快乐的"乌托邦"反而会使组织成效降低。很多时候,只要为下属提供工作和表现的机会,大部分下属都会因满意而感激。

现代人的职业观在变化,基础价值观也在变化,这又影响到商业组织和商业观念的改变。这些改变背后有一只无形的指挥棒，这就是每个人追求幸福的取向。

在 2014 年全国"两会"政协分组讨论上，作为全国政协委员，中国美术家协会副主席施大畏曾这样讲，"如果有一天，我们再去问市民'你幸福吗'，他说我能看懂一本书，听懂一场音乐会，或者能看完一部好电影有体会，这才是幸福指数的提高"。

90 后来袭

"90 后"这个词本身是个悖论。出生于 1990 年以后的年轻一代，最讨厌的就是"被标签化"。他们不是出生在"大时代"背景下，他们是"小时代"的原住民。所有试图用总结性的语言来描述这样的年轻一代都是徒劳的，根本得不到正解。任何一位研究者在撰写关于 90 后的文字时，都会发现他们的研究对象总是在快速改变。90 后跟互联网新商业一样，用传统普世的方法已经无法解读。从一定角度来看，90 后是三维的，传统时代是二维的，二维的东西根本解释不了三维。

2013 年 8 月 9 日进行的《快乐男声 2013》十进九比赛中，日后成为这届"快男"总冠军的华晨宇翻唱了一首张国荣的《我》，场内外的观众为之沸腾。当晚华晨宇在微博中写道：

> 张国荣到了一定的年龄，通过自己无数的阅历唱出了自己心中完美的《我》，
> 我尊敬他，在我心中他是不能被超越的，今天我只是想对你们说：我只有 23 岁，
> 我不是 70、80、90 后，我就是"我"。

2013 年的"快男"比赛已经过去很长时间了，在网络检索出华晨宇演唱过的歌曲中，排行第一的总是这首翻唱的《我》。不难理解，如果不是真情的表达，很难将这首歌唱出真情实感。但是，这首歌其实是每一位 90 后的心声，"我就是我"也是这个新时代的最好注解。

从第一拨 90 后踏入职场开始，媒体声音总是武断地评价 90 后。要么强调他们的极端个性，要么追捧 90 后为新商业思维。实际上，这些声音只是在表达评论

者的感受,依赖的论据只是个别出生于 1990 年以后的人,这些人比较新锐,容易吸引眼球。但这样的评论并不理性,更不能概括出这个群体的总体特征。

事实上,90 后中有精英也有普通人,当然也有"路泽"(失败者,英文 loser 的音译)。他们中的自强者比 70 后、80 后还坚强,而时代也给予了他们足够的展现才干的机会。

我常接触的 90 后朋友里,有位很能干又爱折腾的小伙子。他出生于 1991 年,家境一般。考上大学,别人都是父母陪着去学校报道,而他则揣着父亲给的一万多元学费自己乘火车去报到。父母送他所产生的路费对他的家庭而言是一笔很大的负担。他从大一开始就做各种兼职赚钱,放假就外出打工。寒假时他跑到学校临近省份的一个工地做小工,年长的技术工友时常偷个懒,就让他代为操作工程车。就这样,装载机、搅拌机、货运车,他都开过。春节时工地不停工,但好多工友都回家过年了,许多工程车没人开,工头领导点头同意,他便正大光明地成了工程车驾驶员。曾因工地民事纠纷被散弹枪打得坑坑洼洼的工程车他开起来也是驾轻就熟。

就这样,他在一个寒假内开车赚了 8000 元,回学校后开了个小店,还雇了一个人专门看店,这样一来他每个月就有了固定收入。小伙子学的是机械专业,但更多的兴趣还是在互联网和手机应用上。在高中时他就用飞信做起了卖天气预报的生意,移动的天气预报包月是 2 元,他就卖 1 元,还在淘宝上注册了网店。他利用飞信的定时推送功能,把收集的天气信息定时推送给付费的手机主。虽然这个生意没能赚到钱,但他就是喜欢琢磨新东西。

小伙子在学校开的店没有亏本,2011 年时他从开店收入里拿出几千元,拿到了韵达快递的代理权。就这样,他们学校及周边的快递业务被他分去了一大块。那个时候,校园电商刚起步不久,只要交几千元的保证金就能做快递公司的代理,而仅一年后,即使付出几万元也拿不到任何一家快递的代理加盟权了。韵达快递公司负责配货,他找同学来派件,自己只负责收件。派件费用扣除掉司机成本,剩余的全分给了他的小伙伴们。收件业务不但轻松,还赚钱不少。简单讲,就是每次收件他都有提成。寄件人虽然要多付几块钱,但能省很多事。每月刨掉快递公司的结算成本,他除了能够满足自己的日常花销,还能往家里寄钱。

想必这样的故事听起来似曾相识,在任何一个年代,寒门学子"逆袭"的经历都差不多。区别是 90 后一代面临的向上的路径更多,而选择也更多样。但一般的媒体报道和调研文字都紧盯住 90 后年轻人个性上的特点,对新奇的人和事更是不怕多费笔墨。这样硬造出了一个完全刻板的"90 后印象",这对于 1990 年后出生的一代很不公平。

只要用心地与 90 后打交道,就会发现他们的自我更多地透着理性。他们读书,也看电影。他们读郭敬明的小说,但 90 后大学生群体中读《平凡的世界》的更多。他们看《小时代》,但最喜欢的还是《肖申克的救赎》①。他们的许多口味竟然是跟他们的叔叔辈一样,他们也和都市白领一样追看美剧。与其他年代的人相比,他们的特点是不跟风,有足够的自由选择自己喜欢的。

除了自我,90 后一般不会有囤积的心智(意指 90 后与生俱来的不会有囤积资源的心理)。拿电子游戏来说,现在可选的太多了,PS3 等主机游戏、PC 网络游戏、移动手机游戏,每一种游戏都有玩得很棒的 90 后玩家。90 后从小就不缺少游戏,而他们中有不少人更倾向于动手做其他的事。

除了游戏,时间、人脉、事情……他们都不用囤积,也不会透支,他们活在当下,做此刻心里想做的事。

90 后也有自己的恐惧和焦虑。中国发展得太快,在其他国家从现代化到全球化还要分几步走的时候,中国是一步就得到位。这导致许多底层制度、代际传承、文化支撑都来不及跟进。90 后一代天生对契约文化抱有向往。

十几年前,在 80 后成为社会舆论讨论的主角的时候,出现最多的词汇是"叛逆"。现在 90 后的关键词是"自我"。90 后的自我,并不是盲目任性的自我,而是有自己的个性并负责任地追求,这种自我是开放性的。90 后并不是一代人,而是一种思维,这种思维伴随着时代的开放性而生,人人都可能拥有。其实,从时代转型的交接特点上看,今天的 90 后倒是跟 60 后比较相似。60 后赶上了 20 世纪 80

---

① 参考《互联网下的 90 后——90 后大学生网络化生活研究报告》,中国传媒大学广告学院校园营销研究所,2011 年。

年代的改革开放,90后则赶上了移动互联网时代的商业大转型。这个大转型就是告别"大时代",进入"小世界"(见图7-3)。互联网和全球化已经使动辄举国体制的"大时代"分解为无数个小世界,大时代能够产生的商业人物,在90后一代身上可能再难出现了。大时代的商业人物,或许只能出现在商业史学者的书里了。

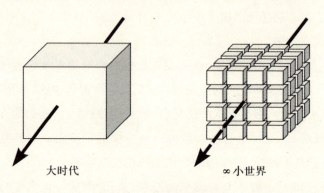

大时代　　　　　　　　∞小世界

图7-3　大时代到小世界

　　许多评论和分析都讲到90后按兴趣聚集族群,是"独而不孤"[1]。这话没错,但不全面。需要特别提示的是,90后的族群划分并不仅限于90后的年龄段,90后不忌讳将年龄上大他们几代的人划入自己的族群。与80后相比,90后甚至更愿意跟父母在一起。90后的包容性,源于他们的多样性。

自商业寒武纪

　　在远古时代,古人用狩猎和采集的方式生存。后来,耕种成了主要生存手段,狩猎和采集、捕鱼等方式逐渐式微了。再后来,富余的农作物、狩猎采集物以及手工做的一些生活生产工具等被人们拿到方便的地方交换,这些地方渐渐发展为城市。历史的镜头飞跃几千年,一直推进到蒸汽机和工业革命时代,制造工业才成为人类经济活动的主体。信息技术革命既带来了信息时代,又催生了知识经济。

---

　　[1]　参考《90后青年——大时代里的小世界》,《城市画报》和《青年志》联合最新出品,载于《城市画报》2013年第337期。

构成经济活动主体的农民、工人的比重在下降，知识工作者、信息服务者、互联网人甚至娱乐体育明星渐渐成了时代经济的主流。

农业社会时，需要 80% 的人口务农才能解决人类的吃、穿问题。工业社会时，只要少部分人从事农业生产就能解决所有人的吃穿问题。信息社会以后，80% 的人做的是以知识为中心的服务产业。从制造工业成为主体到现在仅有几百年时间，真正意义上的信息社会也仅发展了几十年。但商业却是从有交换时就开始了，商人从奴隶社会时期就已存在。商业始终是经济发展的重要推进剂，而商业过程的交易成本始终伴随着时代的发展而存在，每一个时代都要形成商业组织才能降低交易成本。最近几年，我们发现这种交易成本越来越低，甚至不需要商业组织也可以快速实现商业交易。由此，还带来了一系列的边际效益，其中就包括人类天性的回归。人不再需要将一部分自由质押给商业组织，也能做更有价值和成就感的事情。人的归属感，也不再来源于一元化的就业单位，而是归属于多元化族群。

除了本书前文讲到的商业故事，已经有不少现代人辞职"单飞"，还玩儿出了很多花样。

较早"单飞"的是一批外企人，他们收入高、工作忙，有的在工作中遇到了透明"天花板"，干着、干着就没劲儿了。这批人里有些觉悟得早，职场与生活间的平衡点是他们最先思考的问题。他们有的在辞职后先四处旅游，丽江、西藏、欧洲、南极，到处瞎跑。在很多"外企体制内"的人还认为他们是不务正业的时候，突然发现他们成功了，有的成了品酒师、有的成了摄影师、有的成了体验达人、有的成了专栏作家，有的搞海外代购发了财，有的开了个特色小店悠哉游哉，竟有外国政要名人到中国来会点名去他们的小店。他们的共同特点是生活和"工作"不分开，没有上班时间也没有下班时间，感觉上他们天天在玩，但年收入都不低，上百万、千万的也不乏其人。

在豆瓣、人人网、微博等互联网 SNS 平台兴起后，有更多职场人跳出来自己玩。他们都不走苦哈哈的传统创业路，也不找投资，就自己做点小生意，只要有足够的能力做出特色,很快就能风生水起。

央视一套的一位新闻主播,只做了半年就辞职了。她渴望挖掘自己的价值,于是成立了一家设计顾问公司。一次她们为客户制作了一种效率手册(笔记本)作为礼品,多制作的几千册就开了个淘宝店扔到上面卖,没怎么打理,但半个月就卖空了。再后来很多世界500强公司都从她这儿订每年的效率手册。她是出镜达人,知性优雅,上过很多电视节目。她还乐于分享女性减肥、职场、生活经验,突出的女性励志元素很快就聚集起了一大批女性粉丝。她先后出版了三本女性畅销书,再后来便正式注册品牌,打造了一个女性自我管理和交流的社区平台。

杭州的一位年轻妈妈,在微博上展示了几次自己搭配的花束,不经意间引来了很多订购的顾客,从此一发不可收拾。她也是媒体人出身,在花艺上很有天赋。

同样在杭州,有一位叫赵雷的年轻人,慢性子,不爱说话,有性格。清华硕士毕业后,他在上市公司做了四年建筑设计,然后转行去做了个体小木匠。他喜欢安心地做家居设计。他常将自己设计的木质家具拍照后放到豆瓣和微博上,很快就积攒了十几万的粉丝,很多人喜欢他的设计。赵雷的作品很快被人抄袭,他却并不介意。他说:"我不怕被模仿,也不打算申请什么设计专利,有人抄,也是对设计的一种认可。况且很多东西是模仿不了的,因为你一直是不断生长的,本质的东西永远都仿不来,我自己也是互联网信息分享的受益者。"①他没有销售经验,以工作室的形式设计产品,有合作的代工厂,每天不设闹钟,像散漫的大学生一样随性安排工作时间。② 他的设计太有特点,一度引得国内十几份杂志争相报道。

同是姓赵,另一位浙江余姚人赵翼更有性格。赵翼2002年考入中国农业大学,在校期间他就尝试过很多事情。他看到当时给农民做的书多是教授或研究人员用学术语言写成的,田间地头的农民根本看不懂,于是带领几十位同学走近农民,编写了一套"土得掉渣"的三农科普丛书。这套丛书命名为"乡土乡亲",编写出来后却差点出版不了,因为体制内的出版机构都有一套章法。在学校领导的帮

---

① 潘红英:《木智工坊:酒香也怕巷子深,好产品还要好社交》,《天下网商》2013年10月刊。
② 参照可米工坊:《木智工坊:自由设计,自在生活》,《可米访谈》2011年3月29日,http://koe.me/archives/59。

助下,书稿经时任国家总理的秘书推荐给了上面,总理亲笔回信赞扬,各种媒体纷
纷报道,赵翼随后被评选为全国大学生年度人物。除了做书,他带头做过很多轰
动一时的事情:他为农民工专列做过纪录片,曾带学生社团研究农民上访。毕业
前一学期,他去山西看望申纪兰①,傍晚结束拜访时他看到,周围的村庄依旧是那
么贫穷。临近毕业的赵翼又特立独行地做了个决定:不要毕业证了,他要断掉所
有其他道路,狠下一条心走实业的路子。知行合一、全力投入实业的赵翼,一直在
农业上折腾。他以"乡土乡亲"作为品牌,依托最严格的品控体系,以"透明溯源"
为核心特色,闯出了一条独特的茶叶销售之路。

　　武汉有位与赵翼同样特立独行的年轻人王森。母亲离世后,他用了一年时间
做了个亲朋难以理解的决定——放弃了经营良好的公司,就想开间小小咖啡馆。
推崇王小波的他,从此拒绝所谓事业、成功和主流,只要简单的快乐。之后五年
里,他开了16间小咖啡馆。他建议各间店的"馆主"写咖啡日记,维护微博,做互
动活动。目前每间店都经营得不错。他认为,"快乐必须以一种最最简单的形式
出现和存在,简单的快乐才是可以持续的"②。2012年,他将开小小咖啡馆的心得
写成了一本书,并进入了各图书电商平台的畅销书榜单。

　　现代人都期待"说走就走的旅行",这种在以前看似成本不低的率性而为,却
成为越来越普遍的行为。就业、择业、创业,在人们的考量中出现了一个越来越重
要的指标,那就是做自己喜欢的事。近几年,微博和网络上有互联网公司程序员
改行卖水果的,做"码农"时形容枯槁,做起水果贩子后帅气精神,这种例子出现过
好几次:张江IT女辞职卖快餐,深圳互联网产品经理辞职做净菜配送,年薪百万
的高管跑去做淘宝店,女白领放弃城市生活到乡下开桃园……而另一方面,很多
农村的有志青年也不再被传统的务农或进城务工所束缚,他们大胆地使用互联网

　　① 申纪兰,全国劳动模范,受到过毛泽东等国家多代领导人接见,是新中国成立以来仍健在并
活跃于政坛的资格最老的农业劳动模范,又是至今唯一从第一届连任至第十二届的全国人大代表,是
共和国成长的历史见证人。
　　② 王森:《就想开间小小咖啡馆》,中信出版社2012年版。

工具,将乡土特色与知识经济结合,也走出了特色。他们都在走一种"自商业"之路。而在接下来的几年里,各种异于体制化商业的新物种会不断出现,我们将迎来自商业的"寒武纪"。

分析这些朋友走上"自商业"的路径,有下面这几条:

- 在职场做到一定程度,开始想做自己喜欢的事情。例如,王森的咖啡馆。

- 职场内做得非常优秀,转而拓展商业上下游。本书第三章中提到的乐活良品,就是 Jane 在延伸媒体的尝试。

- 偶然一个机会,一发不可收拾。"三年老母鸡",因为妹妹在微博平台上生意做得挺好,就决定继续做下去。

- 坚持自己的信念,绝不妥协,甚至愿意斩断后路。

- 毕业后不就业,直接开始个人创业。

他们开始的路径不同,但做起自商业后,又具有趋同的一些共性。这些共性,几乎在每一位自商业朋友身上都能看到。

- 团队足够小,很多都是个人创业。

- 业务足够简单,不做全产业链。

- 轻资产,大合作。合作伙伴很多,与上下游有良好的商业生态关系。

- 自营销。他们有的会在多个 SNS 平台展现自己,有的只立足于一个平台。

- 具有鲜明的价值观,很好的口碑,优良的个人品牌。

- 有足够的特色,很难复制。即使被复制,也只能做到形似,复制不了其内涵。

- 有忠诚的用户,不少用户是他们的粉丝。

- 不用传统商业的玩法。传统商业的那套规则,到他们这儿自动失效了。

- 基本不需要投资,资金一般由自己负担,保证绝对自主。

- 清晰的价值观。他们的生意中总是透着强烈的人格魅力。

- 摸索时间短。他们的收入都有一个跃升点,到了这个点,生意一下子就引爆了,而成本却没有大幅提升。

尤其是最后一点,我们能够发现这是自商业经济与其他经济最大的不同之处。在不太严格的经济学概念里,将传统经济与知识经济做了很多比较。传统的经济与传统的商业格局相伴。农业、制造等传统经济,成本呈线性增长,到盈利点后才能收支平衡。以互联网为典型代表的知识经济,起步成本高昂,一旦商业模式被市场接纳,则会收入激增,成本持续递减。互联网广告和网络游戏等,都遵从知识经济的成长曲线。但度过第一阶段(2003—2009 年)的电子商务不是,第二阶段的电子商务遵从的是传统经济成长曲线。

自商业这种新的经济形态,在发展曲线上既不同于传统经济,又不同于知识经济。自商业的成本增长始终比较缓慢,而在一个点或几个点上,会有收入的跃升。所以自商业经济的收入曲线不是线性的,在跃升的点,客户会有数量级的激增,而他们的生意规模却能应付自如。这是自商业最神奇的地方。

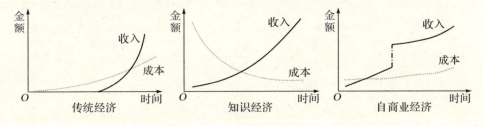

图 7-4   经济成长曲线

美国作家马尔科姆提出了一个"引爆点"的概念。马尔科姆指出,我们的世界看起来雷打不动,但只要你找对了一个点,它就可能被引爆。[①] 进一步思考不难发现,马尔科姆说的这个点,就是要掌握流行潮背后的原因,要发现其中的关键因素。但马尔科姆只能在书中拿出极少的案例去描述怎么掌握这些因素。事实上,掌握这些因素特别难。用"引爆点"来注解自商业有一定的合理性。传统商业操盘手要有极强的心智才能掌控千头万绪的信息和思路,自商业的特点却是足够简单,从价值观到生意模式都最简化,这为自商业操盘手敏锐的掌控这些因素提供了结构性可能。这也就是自商业经济容易做出引爆点的原因——足够简单。

---

① 马尔科姆·格拉德威尔:《引爆点》,钱清、覃爱冬译,中信出版社 2009 年版,第 237 页。

但是不要认为自商业跟传统大商业一样,能掀起全民流行潮。传统大商业属于大时代,讲求单一价值观的大时代已经过去了,历史的指针已指向了多元价值观的小时代。自商业的流行潮永远是在以"小时代"为代表的族群内。理解了这个道理,那么就可以着手寻找那些"引爆点"了。

然而,情况似乎没有这么简单。我们面对的移动互联网时代五彩缤纷,眼睛根本应接不暇。我们需要一张地图,这张地图能让我们看清自商业的全貌。看不清全貌,所有的行动都是瞎闯。

这张地图,可以是如图 7-5 所示的自商业全景图。一切起源于移动互联网,一切成就于个人品牌。在本书接下来的三章中,我将为大家分块解读,与自商业全景图一起,作为自商业的规格说明书。

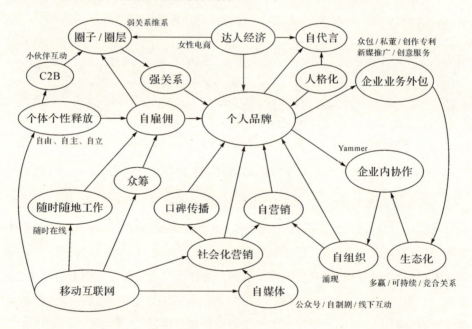

图 7-5　自商业全景

第 8 章

移动互联时代

如果说农业社会主要解决的是吃穿问题，工业社会主要满足的是住用行问题，那么信息社会更多的是解决人的高层次的需求。

在历史发展和各种文明进程中，我们面临着不同的问题。而一般看到的资讯中，总有宏大叙事的时代性描述，这些描述常被人称为"正确的废话"。只有找到真正产生作用的因素并把握其中规律，才能产生价值。

个体个性释放

马斯洛的需求层次理论在近些年受到了很多挑战。例如，美国亚利桑那州立大学心理学教授肯里克在他的《性、谋杀及生命的意义》一书中就提出了"重建马斯洛金字塔"①。包括肯里克教授的学说在内，在所有试图对马斯洛金字塔说些什么的文字里，都找不出绝对颠覆的逻辑。肯里克也只是突出了个体传宗接代的繁衍需求，可以看成是发展了的马斯洛金字塔，而不是颠覆。肯里克更具现实性，马斯洛更有逻辑性。

中国知识阶层都比较熟悉马斯洛金字塔。这个金字塔指出了人的基本需求是自下而上进行的，依次追求生存、安全、社交、尊重和自我实现。

在不同的社会和历史文明时期，都有人在这五个需求层次上获得了满足，但却是不平均的。一般我们常讲的某某人成功了，也只是单一价值的判定，例如成

---

① 道格拉斯·肯里克：《性、谋杀及生命的意义》，朱邦芊译，中信出版社 2013 年版，第 118 页。肯里克提出的金字塔，从下往上的顺序是：直接生理需求、自我保护、归属、地位/尊重、获得配偶、留住配偶、养育子女。

了富人、做了高官。这种单一化的价值判断有问题,表面上看是一下子到了需求金字塔的较高层,实质上可能较低层次的需求还尚未得到满足。简单讲,这是脱离人性的成功,不是真正的成功。

这种虚假的成功在今天普遍存在。大量的富人富而不贵,白领拿着高薪却充满焦虑。现代中国发展太快了,一条腿踏着现代文明,另一条腿踏着全球化。从面上看,我们仍然处于需求金字塔的较低层次。这种矛盾是问题,但也是新时代的生产力。

本书中讲到的那些辞职"单飞"的故事,都是将拧巴的那股劲儿转化为了生产力。这股劲儿会越聚越大,最后成为代表性的社会经济特征。现在我们的国家政策始终在强调扩大内需,就是要将出口、投资、内需"三驾马车"中的顺序调整合理,内需这匹马要调整到中间的位置,而不是以房地产为主要特征的投资。谈到内需,就要讲到内需消费和内需生产,消费的动力怎么来呢?这就需要社会个体有自己的想法,个体的想法产生需求,与商家生产互动形成消费闭环,经济结构调整就成功了一大步。

我们不难理解,社会经济的动力得变,得变得更有创新性,这种创新性就指向了个体个性的释放。而造成个体个性释放的"原始代码"就是个体更高层次的追求。

为什么现在能做这种转换,早些年怎么不做?答案很简单,因为时代的时间窗口到了。还是用"产品—服务—用户"模型看,我们习惯了使用各种移动和互联网产品,这些产品又有大量的从业者提供越来越便利的服务,每一个有个体个性想法的人都是这个模型中的用户。这些用户可以使用互联网产品,整合服务资源,再做出他们的价值产品。他们自己的"产品—服务—用户"就这样很好地运转了起来,他们成就了自己的商业,又带来更深层次的需求。

随时随地工作

大约在 2000 年前后,有个手机的电视广告。广告中张丰毅拿着手机和耳机线,笑着讲:没听说过移动电话还带根线的。他把耳机塞到耳朵里,然后他坐到一台笔记本电脑前时,双手放在电脑键盘上,一抬头对着镜头讲:咦,还真把双手解放出来了。

又过了几年,万科老总王石拍了另一个手机广告。他乘着热气球升到空中,下属打来电话汇报说某某项目进展顺利,她给王总发了电子邮件,请确认。王石电话上说:"嗯,我查一下。"然后,他继续用书写笔在手机上点了几下,收到电子邮件打开查看后,又回复"项目已确认"几个字,再点选了几个抄送人,又点了"发送"。过程中,配有"可与电脑互发邮件"、"率先支持 GPRS 网络"、"邮件一触即发"、"短信息群组发送"的字幕。

现在再来看,当年的这些移动手机的功能,都已经过时了,甚至当时的手机品牌都已多次易主。

最近又有了 4G 网络的电视广告。两位到露天茶座翘班的小伙子,突然收到老板打来电话,劈头盖脸地就问:你们俩在办公室吧,我给你们发了邮件,现在打开 PPT。其中一位小伙子一边对着电话应诺,一边用手指点收邮件,很快将邮箱里的 PPT 下载到手机并打开了。

既然随时都能上网办公,办公室这么重的一项企业资产还有存在的必要吗?

按照国内的会计准则和所得税管理条例,一般的办公家具折旧年限为 5 年,电子设备为 3 年,而这些资产在购买时均价格不菲。现代公司,尤其是互联网公司,越来越趋于轻办公资产化。不只是在公司运营中鼓励员工自助,以减少行政、IT 等部门的人员数量以降低公司基础运营成本,这些公司还鼓励员工资产性办公工具自备,例如公司 IT 不为专业性员工配备电脑,员工用自己的笔记本电脑,公司发给一定补助。这从源头上堵住了很多运营费用的支出,真做过公司的人会知道,固定资产定期的盘点是很大的人力成本投入。

此外,现代公司内,生产运营类的办公岗位都趋于开间化。在一般的互联网公司,产品设计、美工策划、程序开发、运营管理等员工都不再躲到隔断式的小间里,他们的办公桌都变为开放式的办公位。

办公位去隔断化的同时,很多公司的会议室越来越多。有不少公司的大小会议室能容纳的人数与公司核心岗位员工人数相当。这些员工有一半甚至更多的时间待在会议室,而不是自己的工位上。

　　另外,在一些世界 500 强,尤其是几大互联网、IT 公司,办公室的装修不再是传统单一的风格,而是越来越像综合的 Mall(购物中心或综合商业体)。公司里有入驻的咖啡店、能提供糕点简餐服务,有健身中心,有娱乐室,甚至有室内篮球场。与商业性 Mall 不同的是,一般的服务对员工都是免费的。员工可以在这种小社区化的办公室里开心工作,每一个地方都覆盖了公司内网 Wi-Fi,他们可以抱着笔记本到任何一个区域工作。他们甚至可以带宠物狗来上班,刚做妈妈的员工还可以将她的孩子"寄存"在公司提供的育婴室。

　　即使是行政、人力资源这样的办公岗位,岗位员工的移动办公也越来越多。这些公司中无纸化办公和数字签名已经很普遍,员工电脑屏幕的厚度越来越薄,所占用的空间也越来越小。在规模大的公司,还倾向于财务、IT 服务等员工的分散化,避免集中在一起办公。数据中心也很分散,公司运营服务器不集中在一处。这还要归于 9·11 事件的影响,很多大公司会将职能部门人员按照岗位职能分散到不同的城市分公司,一方面提高业务效率,另一方面避免集中风险。

　　随着科技创业成为潮流,一些大城市还出现了创业咖啡馆。这类创业咖啡馆提供类似虚拟办公室①的服务。有不少的创业咖啡馆都以提供办公工位作为主要的盈利业务。

　　但很多科技创业者和职场人还是更青睐一般的咖啡馆。这些咖啡馆有音乐、也有 Wi-Fi,在那种嘈杂而放松的氛围中,干活的效率竟然很高。

　　有些年轻人为了赶时间,会在地铁里、飞机场用笔记本电脑抓紧工作。需要沟通的可以用 QQ 等公司内外部的即时信息工具,需要讨论的他们可以在笔记本或手机上装个远程会议的客户端,需要提交分享的还有各种通过 HTTP 协议的文件版本管理工具。随时随地办公的产品技术性条件很早就具备了。

---

　　①　虚拟办公室是集中办公的一种形式,一般是由独立机构运营,专门为小创业公司提供办公服务的场所。他们一般提供前台接待、行政秘书、收发传真等服务,有的还提供办公工位等可选服务。

随着微信、Line 等手机社交应用的普及，又有大量的办公工作开始尝试通过微信来沟通。戴着耳机边走边电话沟通工作的少了，很多都改用微信了，好处是一来一去的语音可以重复地收听。据说在一些公司，办公邮件的数量也减少了，公司内外的很多工作都是通过微信交流。

在微信公众平台发布后，普通人开个公众号，就可以玩自媒体。公司、机构等除了有对外公开的公众号，还有专门对内的公众号，这种公众号只允许内部的人关注，主要用于分发一些通知、文件等。这种工作，原先都是通过正式的邮件或者电子公文系统(OA)来传递，再早的形式是各个单位的红头文件。微信颠覆了太多东西。

还有一个趋势，那就是职场人用笔记本电脑少了，用打印纸更少了。有些会议讨论，员工喜欢带 iPad 等平板电脑，而不是笔记本电脑。因为平板电脑的功能足够了，用手指在屏幕键盘上划来划去，汉字录入的速度不比电脑键盘慢。有些主持人也喜欢拿个 iPad 上台，上面有发言的提纲或提示，他们的精致手卡都"下岗"了。IDC 调查报告显示，2013 年第四季度平板电脑全球出货量已超越 PC 产品。使用平板电脑和其他移动设备随时随地办公的时代到来了。

曾有这样一幅漫画，从猿到人，因为使用农业工具，人逐渐站立了起来，后来又渐渐地佝偻了下去，最后弓着背坐在台式电脑屏幕前面。这种漫画的注解总是"现代人的退化"。

没过几年，这种漫画便 OUT 了。没有人预料到平板电脑、智能手机等移动设备的出现引爆了移动互联网。现代人随时随地都可以沟通工作、发送邮件。

除了移动办公，用到智能设备和移动互联网的场景也越来越多。现在有的朋友就喜欢边在跑步机上跑步，边用 iPad 看美剧。目前的趋势不只是碎片化，还有并行化。我们总会低估变化的剧烈程度。

自雇佣

早先出现"自由职业者"这个词的时候，一般指的是有城镇户口但进不了正经工作单位的待业青年,自己做点小买卖。20 世纪 80 年代时,"自由职业者"这个词饱含贬义,基本就是二流子的意思。

从 20 世纪 90 年代后期开始,"自由职业者"开始有点儿小资的意味了。中国基本告别了短缺经济时代,对社会文化和创意的需求越来越大,而这类社会需求都是轻资产、低成本的个体公司可以做的。于是一下子出现了好多个体广告公司、创意策划公司等等。其中最有代表性的,是有很多的文化人成为独立的作家、顾问、职业会计,尤其是作家或专栏编辑等,他们在媒体版面拥有天然的曝光率,别人上班的时候他们去旅行,途中做做文章、写写小说,他们使"自由职业者"这个词散发出文艺青年的味道。直到 2003 年以后,大量的人辞职搞淘宝,"自由职业者"的队伍开始丰富起来。

按照标准的定义,自由职业者是独立工作的人,他们不与任何组织有隶属关系,也不向雇主做长期的劳动承诺。同时,也没人会负责他们的养老保险等社会保障性福利。

再后来,自由职业者的概念变得精准了,他们被称为自雇佣人士。城市中的出租车司机、乡村的个体诊所医生、菜农小贩、装修包工头、设计专业人士成了 SOHO① 一族,以及早期的威客②,他们都是自雇佣人士。他们自己做自己的老板,有时候也会找找帮手,有时候还会给帮手一些酬劳。

从深层次上讲,自雇佣和自由职业者本质上是自己给自己打工。他们也是打工者,不是商业人。用"产品—服务—用户"模型看,他们是自己的商业产品,但服务和用户两个元素一直模糊不清,三元素转不起来,构不成商业型态。

然而从前几年开始,服务和用户这两个元素逐渐成熟了起来。

一方面,中国人的版权意识增强了。版权意识不是指一个人用法律等手段保

---

① 　Small Office Home Office(家居办公),大多指那些专门的自由职业者,如自由撰稿人、平面设计师、工艺品设计人员、艺术家、音乐创作人、产品销售员、广告制作、服装设计、商务代理等。

② 　威客(Witkey)是英文 the key of wisdom 的缩写,是指那些通过互联网把自己的智慧、知识、能力、经验转换成实际收益的人。威客理论认为互联网上的知识(各种文章、资料、回答问题的答案等)多或少都具有经济价值,应该可以作为商品出售。国内知名的威客网站有:猪八戒、一品威客网、任务中国等。

护自己的知识产权,而是人人愿意为有版权的东西付费。创作音乐、摄影照片、创意设计,越来越多的人或公司愿意付费购买这些东西,这标志着"用户"这个元素的成熟。

另一方面,我们国家在创业公司注册和管理上的政策门槛在逐渐放低。新修订的《中华人民共和国公司法》更是降低了注册资本、营业场所的旧有限制①,在中国,1 元钱注册公司也有了可能。隐藏在背后的,还是各种商业公司成本的降低,包括权力寻租造成的成本。这些政策性门槛的降低,再加上各种鼓励创业创新的力量,使"产品—服务—用户"模型中的"服务"元素也跟了上来。以前的自雇佣人士有产品,但服务运营成本高。"运营服务"的自主能力跟上了,三元素闭环畅通,一个有机的商业体就转了起来。"自商业"就这样诞生了。

当然,"服务"元素包含的东西还有很多,政策还只是门槛,资金、信息支持等也很关键。这些原先造成高成本的障碍,现在被一个叫"众筹"②的玩意儿瞬间解决了。缺资金,众筹支持者每人出一点很快就凑够了;缺信息,支持者们又会义务帮助,他们会义务为新产品做测试、提意见;关键时刻,他们更是七手八脚就能解决问题以渡过难关。现在在互联网上玩个新的创业项目,如果不用点儿众筹的元素,都不好意思讲自己是做互联网的。

这些时代性的变化,核心还是降低了创业成本。产品、服务、用户三个元素中,只要有足够的特色,能打造出优质的个人品牌,其他的都可以借助互联网来解决。我们似乎直接进入了克莱·舍基③所描述的"人人时代",无组织的组织力量总是释放出巨大的商业价值。而这些东西,还是在"90 后"这个使 90 后讨厌的标签上展现得淋漓尽致。

---

① 2013 年 12 月 28 日,十二届全国人大常委会第六次会议审议并通过了公司法修正案草案,新修订的《中华人民共和国公司法》已于 2014 年 3 月 1 日起实施。

② 众筹(crowd funding),即大众筹资或群众筹资。由发起人、跟投人、平台构成的互联网新型投资方式。具有低门槛、多样性、依靠大众力量、注重创意的特征。

③ 克莱·舍基(Clay Shirky),美国研究互联网技术的社会和经济影响的专家,著有《人人时代》、《认知盈余》等著作。

在很多流行对比 70 后、80 后、90 后特点的段子中,有很多都是鲜明又实际。
例如:

> 60 后:要么狂工作,要么不工作,狂工作是为了尽早不工作。
>
> 70 后:工作狂基本上都是 70 后。
>
> 80 后:拒绝加班!
>
> 90 后:拒绝上班!

再如:

> 60 后:吃饭时,喜欢坐在老板对面。
>
> 70 后:吃饭时,喜欢坐在老板旁边。
>
> 80 后:最好别坐在老板旁边,那样才无拘无束。
>
> 90 后:我是老板!

这些段子虽然都是戏谑,但背后的时代意味却引人深思。现在再提起自雇佣
人士,已经完全不同于几十年前的自由职业者。

当我们再看到这些有些无厘头的段子时,甭管是 60 后、70 后还是 80 后,摇头
或者发牢骚,都不如认真地正视这种差异。因为,隐藏在背后的时代性逻辑非常
冷酷。

"我们上大学时,上小学是不要钱的;我们上小学时,大学还发生活费的……
当我们不能挣钱的时候,房子是分配的;当我们能挣钱的时候,却发现房子已经买
不起了……"当某些 80 后还在牢骚满腹时,90 后已经甩开膀子自己打拼了。

我有位年轻的朋友叫李岩,是典型的 90 后。周围的朋友喜欢叫他李总,也有
人称呼他李老板。

比本书第 7 章提到的大学就承包快递业务的小伙子更甚,李岩在高中时就已
经能够赚钱养活自己。那时候,他卖同学录(毕业留言册)、卖运动鞋。高中会考
前,他与同学弄到一份猜题合集,据说命中率比较高。他们以几毛钱一份的成本
去复印了一大批,在学校和附近高中贩卖,每份二十元,结果被抢购一空。

李岩从小家庭经济很不宽裕，他不得不想办法补贴生活。他几乎做过所有赚钱的工作，上大学前还被骗进了河北某地的传销窝点。

在经历了传销风波后，他对大学便没有了任何期待，甚至有点排斥。他自己背个小包去了学校，少不了也逃课、上网、谈恋爱和挂科。

但正是在大学这段相对自由的时光，更多关于互联网赚钱的营生被他体验到了骨子里。他做了卖 3C 数码的淘宝店，在别的网店还不赚钱时他就赚钱了；他还拿到了几种校园卡的代理……他在做这些的时候，赚得多亏得少，但渐渐地，他将目光放到了社会化媒体上。与贩卖、数钱相比，他更喜欢在社会化网站上观察大家喜欢什么，而什么东西又能满足大家的诉求。

就是通过观察，他发现了新的生意模式。这种模式，如果从商业分析的角度解构，就是为网络受众提供有用、有趣的信息，并同时为商家带来点击流量和潜在客户。在国内大学生常登录的一些网站社区里，他的名气逐渐大了起来，在他研究创作的一些段子里能够植入商家的信息，这些段子在网络疯传的时候，商家获益最大。就这样，李岩逐渐结束了其他生意，将网络新媒体推广业务变成主业，赚钱是一方面，重点在于他很享受这个过程。

很快，李岩大学毕业了，北京的某视频网站想请他去做运营总监，但最后他还是选择了自己玩。大学期间，他的年收入已达百万元。刚开始做生意的时候，公司业务并不红火，甚至有些惨淡。但很快，他熟稔互联网玩法的经验发挥了作用，依托各社会化网站的新媒体营销，生意红火了起来。他不得不招聘人手，给新人做实战培训，同时还购买大量文学书籍，使大家能够生产出有意思的段子。不足一年时间，李岩的小团队运营的一些微信、微博等平台大号的关注粉丝有几千万，朋友圈里看到的那些搞笑段子、心灵鸡汤、便民生活资讯等，许多都出自他们之手。早期互联网抢注域名贩卖的那些生意，与他们的业务比起来就相形见绌了。在 Web 1.0 时代，很难存在有创意价值的互联网商业模式。而经过 Web 2.0 推进之后的移动互联网时代，许多被喻为草根的网友却能凭借自己的兴趣特长，做出有价值的东西。

我曾对李岩的客户做过实地调研。我问一位在李岩那儿做营销推广的餐饮门店负责人,为什么愿意花钱找他们做推广?门店负责人告诉我:我们在网络上花了好多冤枉钱,在很多网站投了广告,但没有效果啊,一个顾客询问都没有,但在李老板这儿就有效果。

这容易理解,拿电视广告来说,砸海量的钱做硬广告,可能不如在电视节目中做植入广告来得实在,花的钱少、人群投放还更精准。

时代已经变了,互联网广告模式也得从 1.0 升级到 2.0,除了段子大号,各种微电影、视频节目的广告植入都越来越被商家青睐。

传统互联网的基础商业模式有三个:广告、网游、电商。而今天我们能够感知到这三类模式正在互相渗透融合,广告早已进入网游,网游与电商也开始融合,有可能爆出几匹创业黑马。但所有的指向互联网广告的收入模式,广告主看中的就是精准营销的效果。移动互联网时代,更是效果为王。微信上的"吃喝玩乐在北京"等公众号(后更名为"掌上北京")就是李岩的小团队做的,其专业程度已比肩专业化的纸媒和网站。专业程度还只是"表",有效果才是"里"。这种"里",似乎只跟一个商业组织的创始人有关系,创始人有思路,他的商业组织就有了成功的基因。

就在微信 5.0 版本发布后,当全民都还热衷于玩内置的那个打飞机小游戏的时候,李岩已经琢磨出卖广告排名的玩法。将排名靠前的微信号冠名权卖给客户,并建议其改为某某名,为客户带去品牌推广效果。2014 年春节,在全民都在抢红包的时候,李岩他们已经研究出抢红包上的类广告产品了。微视频开始流行了,他们便扩充人手,专门创作几秒时长的搞笑短视频。视频谐趣幽默,质量不低,每天都能创作生产数十部。在微视频上,他们又迅速积累起了海量的粉丝关注。

在一般人还沉迷于玩乐的时候,有成功基因的人已经在发现商机。

塔勒布的《反脆弱》一书中讲到,"反脆弱性"偏好随机性和不确定性。塔勒布在书中用"胖子托尼"来论证脆弱与反脆弱。在 2008 年经济危机爆发后,被调侃为从不读书的托尼,却能从混乱中获利,积蓄达到了几亿美元。[①] 在"胖子托尼"这样的人看来,进入一个体制化的职业机构工作,会被剥夺"反脆弱性"。李岩就是"胖子托尼"那样的人。他能时刻发现机会,越是在混乱和充满不确定的时候,他越能获得收益,从不空谈。

互联网各平台上任何的风吹草动,在这种人看来都是机会。2014 年春节后的一天,微信认证号允许自由定制菜单的功能发布时,已是凌晨几点,李岩挨个打电话把他的小伙伴叫起来,分秒必争地研究尝试新功能。他们是一帮实干的人。

如果我们问,到底什么样的人最懂互联网? 其实很简单:熟识网络玩法,能踏实通过互联网产生商业价值的人。如果不是实干家,只是喷喷口水、热衷讨论互联网思维,那可不算懂互联网。

李岩的生意做得不错,但他也有他的烦恼。曾经有位长辈嗔怪他:还是做公务员等职业才有保障,以后你不能干了怎么办,连媳妇儿都养活不了。但他对自己充满信心:除非没人用手机了,只要还有人用手机,我就能赚钱生活。

李岩带着他的小伙伴,业务做得很不错,目前正是好光景,年收入已奔着千万去了。这还不是最酷的。他偶然提及,在老家的高速路口,他承包下了一块地的若干年经营权,将来可能在那儿树起高速路广告牌。

没人能阻止这位"90 后"的小伙子。

社会化营销,口碑传播

在本书定稿前后,李岩的公司业务与一个科技网站和一个微信自媒体联盟合并,他已经成为一个集团式媒体公司的总裁,身价不菲。

很多人都看到了"90 后"李岩业务做得好。他们也得到了很多自己的启示,那就是一定要重视移动互联网的社会化营销。内容好、段子好,受众觉得好玩就转发分享,这本质上就是口碑传播。

---

① 纳西姆·尼古拉斯·塔勒布:《反脆弱:从不确定性中受益》,雨珂译,中信出版社 2014 年版,第 113 页。

我们倒可以分析一下社会化营销和"自媒体"这个概念。从结构上看,社会化营销依赖于自媒体。而自媒体其实并不是个新鲜的词。在没有互联网的时候,许多有才学的人抓住了一些机会,也成就了自己的名利,那些现在看起来原始的方式也可以命名为自媒体。例如本书第4章提到的"车站文学"、"地摊文学",就是早期自媒体的雏形。

在没有互联网的时候,自出版是件几乎不可能的事情。Web 1.0时期,崛起了第一批个人站长,他们编辑网页、发布内容,使最早的互联网五光十色了起来。后来有了广告链接,有了商家愿意在个人网站上放广告后,便打通了最早期的商业闭环。

在同一时期,BBS和论坛比较火。论坛的用户、匿名、回帖、积分、等级等基础元素,是构成日后Web 2.0和移动互联网应用的原始雏形。甚至现在的很多会员制网站、APP、微信应用等,都有论坛的最原始底层代码。

Web 1.0时期,国内的天涯、猫扑、西祠等网站上出现了第一批疯狂的玩家。他们天天泡在上面,不停"灌水",有的还混成了版主,出现了不少知名的ID;有的还把自己的文学作品、小说等在论坛上连载。这时的网络论坛、BBS还包括很多知名的校园论坛,例如清华大学的水木清华,北京大学的一塌糊涂,南京大学的小百合等。另外,还有些专业性的论坛,像主打IT数码产品的泡泡网、IT168、太平洋电脑网等,也在大力发展自己的论坛。

在有了博客(blog)后,才算真正有了自媒体,出现了猛小蛇等真正意义上的草根博主。这一时期,豆瓣网、百度贴吧热闹了起来,付费阅读的文学网站也有了一大批忠实读者。与博客共同构成Web 2.0的还有Wiki,而国内的百度百科抢得了先机。这些网站都是UGC(用户生成内容)。再后来,随着宽带普及,视频分享网站又成长起来,UGC更丰富了。

开心网和微博的兴起,带来了自媒体数量的急剧增长。这相当于自媒体第三阶段,以SNS为主要特色。用户喜欢的自媒体就关注,不喜欢的就不关注。

如果我们看看做得好的自媒体大号,无非是经历了以下四个步骤(见图8-1):

第一步,有才学。

第二步,会分享。

第三步,具备一定知名度。

第四步,拥有固定的粉丝群。

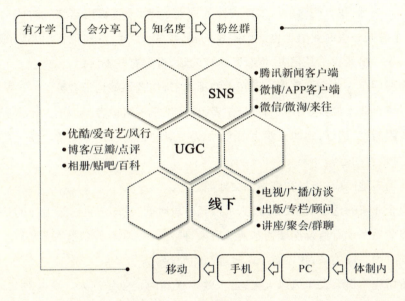

图 8-1　自媒体结构

　　通过自媒体做社会化营销和口碑传播,非常符合逻辑。即使不用微信,不做公众号,用非移动互联网的工具,基于 SNS、UGC、线下手段等,也可以做得很好。

　　但是,几乎全部后进的自媒体营销尝试,都将顺序搞反了。"有才学、会分享、知名度、粉丝群"四个步骤完全颠倒成了:先有粉丝群,然后形成知名度,积累分享技巧,再去想自己的核心才能。有的不惜花钱购买粉丝以迅速提高人气,但很快就死掉了。这跟人和生物的生长是一样的,用一些外在的手段实现"逆生长",潜在的危害就会暂时隐藏,突然爆发时瞬间毁灭。规律不能逆生长。

再谈自媒体

　　有一次,我去拜访一位企业家。在他宽大的办公室,这位颇有儒商气质的企业家一边喝茶,一边娓娓道出他的商业理念。

茶聊中,我提到当时比较火的一篇媒体文章。他不紧不慢但不容置疑地说:记者的文章我不看,从来不看。

听到这话,我有些愕然。如此理性的商业前辈,不该讲出这么绝对的话。另外,那个时候一些商业杂志也开始跟我约稿,我的文字经常和记者朋友们的文章挤在一块。虽然我不是记者,但听到这样的话,肯定有些不淡定。

我便回应说:您看,您桌上正在看的那本书,作者不就是记者嘛。

这位企业家说:他不是记者,是学者,顶多是学者型记者。

我跟着说:那好,您的企业也很大,如果一般的记者写媒体文章说您企业的坏话,您总该看的吧?

他简短地回应:市场和企划部会处理这个。

与企业家的这段谈话已经过去了很长一段时间,我却一直在思考他的话。这种观点背后一定有值得揣摩的东西。后来,偶然读到香港著名报人董桥①先生接受访谈时的一段实录,我才有了比较透彻的理解。

董桥先生白天工作风风火火,是个效率极高的企业经营人。晚上回家再晚,冲个澡后坐到书房或阳台上,就瞬间回到自己的世界里读书、写作。

《南方都市报》采访时问他,看他的文章想象不出他是个精明的生意人。董桥的回答大体意思是,作为一个写文字的人,如果没有商业头脑,没有社会触觉,作品里就很难有通透的东西。做文字的人要被逼着做商业决定,天天如此,就会变得脚踏实地。

那位企业家想表达的其实也是这个意思。他不是不看记者的文章,而是不看没有通透感的东西。

要做有通透感的文章需要具备很多要素,而记者本人的人格特点常常会被体制的机械化磨平,再加上可能存在的利害关系,使得传统媒体很难产生有通透感

---

① 董桥,原名董存爵,福建晋江人,印尼华侨。台湾成功大学外文系毕业,曾在英国伦敦大学亚非学院从事研究工作多年。曾在《明报》《读者文摘》《苹果日报》等媒体担任总编和社长。外界常将董桥先生与金庸、黄霑等文化大家并提。

的东西。

互联网和移动互联网服务使自媒体成为可能。还是按照本书导言中的"产品—服务—用户"模型分析,产品方面有随时随地可供报道的智能手机、3G/4G、Wi-Fi 无线网,服务方面有微博、微信等各种 SNS 网站,用户方面有数亿的微博、微信用户基数。每个人都可以成为媒体报道者,每个人都可以按照自己的个性去发布消息,受众可以快捷地获取报道的信息。而越来越理性化的受众对媒体信息的要求也在提高,他们要求媒体信息和自媒体作品有更大的通透感。

因此,移动互联网浪潮下的新型自媒体,带来的冲击也是一体两面的。一面为传统体制化的报道者提供了灵活的新渠道,另一面受众也要求更高的作品通透感。如果自媒体发出的东西还是缺少通透感,那就会比传统媒体更难获得青睐。

《罗辑思维》自媒体

谈到自媒体,必须得提到拥有"第一视频自媒体"称号的《罗辑思维》。

《罗辑思维》是 2012 年 12 月 21 日在优酷视频上线的知识型脱口秀节目,想必许多朋友对《罗辑思维》都不陌生。节目的主讲人是资深媒体人罗振宇,他出生于"文曲星"照耀的安徽桐城,是历史上著名的文坛"桐城派"故里。历史上的桐城派散文理论体系完整,特色鲜明,作家作品多,传播地域广、时间久,影响也深远。

特色鲜明,体系完整,传播影响广,这正是《罗辑思维》的节目特点。节目的价值观是"自由人的自由联合",口号是"死磕自己,愉悦大家",特色是"有种有趣有料"。用罗振宇自己的话讲,是一个姓罗的人编辑天下之书形成的独特思维方式。

虽然《罗辑思维》节目自身的定位是一场跨十年的互联网自媒体实验,但经过一年多的发展后不难发现,《罗辑思维》不但有商业收入、能养活自己,围绕《罗辑思维》还打造出了一个生态。与本书所讲的农村区域经济体、海尔互联网转型等案例故事相比,这个生态很有相似之处。

2013 年,《罗辑思维》做出的两件标志性的大事就是两次招募付费会员。8 月份第一次招募会员,以淘宝平台出售会员资格,原计划招募 5500 名会员,但不到半天就被疯抢完,最后超募了 6100 名会员,募资 160 万元。12 月份第二批会员招募,根本不需要预热,仅一天时间就招入 2 万名会员。

特别值得一提的是,《罗辑思维》第二批会员招募指定通过微信支付交纳会员费,预申请成为会员的人抢着绑定银行卡,一天之内便轻松募到 800 万元。微信支付也是最大的受益者,这比苦哈哈地到处请出租车师傅补贴乘客来推销手机支付容易太多。一定程度上讲,新互联网的玩法会时刻秒杀传统工业化的做法。

《罗辑思维》的会员分两类,一类是偏大众化的亲情会员,会员费 200 元;另一类是铁杆会员,会员费 1200 元。事实上,《罗辑思维》还有巨大的非会员群体,只要观看优酷视频《罗辑思维》、关注《罗辑思维》微信公众号的人都属于这个巨大的非会员群体。仅《罗辑思维》微信公众号就有一百多万的关注,优酷上的脱口秀节目有近亿人次点播,巨大的粉丝群体是撑起一个商业生态的关键(见图 8-2)。

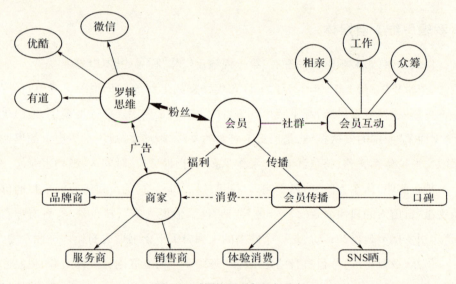

图 8-2 《罗辑思维》生态示意

《罗辑思维》在两次会员招募中都不曾承诺会员的好处,甚至自嘲为"史上最无理的会员招募"。但拥有极高商业价值的《罗辑思维》却早就被商家盯上了。如乐视 TV 这样的品牌,乐蜂网这样的电商以及票务、服装定做、体检等服务商,都愿意为《罗辑思维》的粉丝提供会员福利,由此还诞生了一个新词"罗利"《罗辑思维》的福利。而为《罗辑思维》提供商品的商家,不但在《罗辑思维》视频节目和微信语音中有宣传,收到"罗利"的会员粉丝几乎都会在微博或微信朋友圈中晒出福利照片。商家获得的广告效果远比传统的品牌广告更好。

还有的商家参与的活动,不仅具有品牌广告作用,也开始兼备效果广告的作用。例如,2014 年春节后《罗辑思维》的"霸王餐"活动,玩法就是在 2014 年 2 月22 日这天,由餐馆提供不少于两桌的晚餐宴席,《罗辑思维》召集会员在 8 点 20 分与餐馆老板统一结账,当面抽签决定两桌中免单一桌。

不能否认,《罗辑思维》已经拥有了一个最有商业价值的粉丝社群,这个社群的核心就是两级会员。会员和粉丝社群已经能够"自组织"起来自己玩儿了。在会员自己的互动中,相亲、找工作、内部的众筹小活动或者各种的互助,不断有新的玩法冒出来。

再看另一端,《罗辑思维》的依托平台也获得了收益,做到了共赢。除第二批会员招募为微信支付带去了大批的用户银行卡绑定,"霸王餐"活动中也有腾讯财付通的参与,财付通的"添料"是向参加活动的会员发放新年红包。"霸王餐"中需要买单的那一半会员,如果通过微信 AA 付款,就可以获得一个随机红包。除了随机红包,还有 10 个 888 元和 20 个 222 元的超级大红包。这样一来微信支付得到了推广,会员也得到了实惠。

《罗辑思维》视频节目依托优酷平台,获得了稳定的高知用户。不少节目粉丝是素质优良的知识精英,他们守着每周五《罗辑思维》脱口秀节目的更新。不少人不看电视,也不看其他影视节目,少有的闲暇时间只用来观看每周罗胖子的唠叨。

除了优酷,与《罗辑思维》早期就开始合作的有道云笔记也获得了极大的推广收益。向《罗辑思维》投稿,只能通过有道云笔记。

《罗辑思维》的纸质书出版后,立即进入了畅销书行列。长江文艺出版社和策划公司时代华语,相当于做了一笔低风险、高收益的业务。据不完全统计,纸版书上市 4 个月,销量就达 20 万册。《罗辑思维》纸质书的数字版,还通过 Kindle 和多看等电子书平台发布,也为这些平台带来了不错的收益。

让我们再来用"产品—服务—用户"模型进行分析。《罗辑思维》的产品内核其实是罗振宇的心智和经验。服务运营就是视频脱口秀、公众号语音推送、会员和粉丝社群的管理,还包括参与商家的接洽和平台合作。用户不只是会员,也不只是广大的粉丝社群,还包括合作商家。这样来看,《罗辑思维》的"产品—服务—用户"已很好地运转了起来,而这个互联网新商业模式不是简单的自媒体,而是始终在变形的生态圈。

从外部观察看,《罗辑思维》的团队信奉海贼王文化,团队小伙伴里近一半是从会员粉丝中招聘过来的。听上去很熟悉吧? 是的,跟本书讲到的很多故事一样。

如图 8-2 所示,《罗辑思维》生态网中最关键的几个角色是商家、会员和罗辑思维团队。会员传播和会员互动构成了网络生态的关键元素。但是,这个示意图并不是《罗辑思维》最终的商业生态。事实上,《罗辑思维》始终处在快速变化中,不会出现一个稳定的"衡态"。正如凯文·凯利的名著《失控》中讲的,在互联网时代,"均衡即死亡"。

正如很多朋友想到了《罗辑思维》会做一家自己的咖啡馆,或者会做一家出版机构,甚至会做出一个新的私人董事会品牌。在《罗辑思维》的快速变形中,衍生出新的商业实体一点都不奇怪。而人们往往高估事物短期内的变化,却又会低估较长时间的变化。人们觉得事物总有不确定性,从逻辑上看,人碰到"黑天鹅"只是因为对规律把握得还不够。

在《罗辑思维》品牌火爆的同时,也有人想模仿它,但却发现怎么做都做不成《罗辑思维》,因为绝大多数人都没搞明白互联网新商业的"不可复制性"。

第 9 章

圈子效应与个人品牌

自商业有一种人格化的属性，个人品牌是这种属性的依托。福特主义①
倡导下的大规模制造形成了企业品牌，品牌成了企业溢价增值的重要
资产。但流水线下来的产品总显得有些冷冰冰，传统企业难以突破这种透明"天
花板"。中国本没有"品牌"这个词，类似的叫法有"字号"和"角儿"。字号指的是
古时商铺的名称，一般是文化人起的，会做到店门招牌上。角儿是以曲艺为职业
的名艺人，类似于现在的明星。字号和角儿，都透着人气儿。

最近百年的商业发展，跌宕起伏。在以战争与革命为主题的 20 世纪里，曾经
的字号和角儿随波浮沉。现代全球化以后的关键词是和平与发展，商业除了要提
供功能性商品，还要满足人的情感体验，顺应时代的商业也指向了个人品牌。

圈子、圈层

2013 年的春天，"海天盛筵"这个词似乎在一夜之间被网友们熟知。继而又
冒出各种新炮制的词汇，后来还拍出了低成本电影。在这一现象的背后，支撑无
限猜测的就是人们口中的圈子和圈层。

往前推十年，2003 年左右，北京刚开通了五环路。在北五环附近有个地方叫
清河，是个城乡接合部。当时那儿的房子很难卖掉，新房房价不足 3000 元，但人
们宁愿去更远些的上地附近买房。很多在北京工作的上班族连租房都不愿意到
清河，因为环境实在是脏乱差，附近还有个监狱看守所，一般是外来民工短期暂住

---

① 福特主义是指以市场为导向，以分工和专业化为基础，以较低产品价格作为竞争手段的刚性
生产模式，一般指代早期的机械化大生产。

的地儿。十年后,清河已经形成了一个新的商圈,二手房房价已高达 4 万元左右。

圈子圈层是个有趣的现象,很多人认为圈子只是有钱人玩的,穷人哪有资格搞圈子。这是一种庸俗化的观念,也导致后来许多人在网络上恶搞"长江商学院"、"哥伦比亚大学"等八卦事件。"圈"字本身具有排他性,这决定了圈外的人总会揣测圈内的事情,恶炒绯闻轶事都愿意跟着八卦几句。孔子《礼记》中讲,"饮食男女,人之大欲存焉",孟子同时代的告子更是简言之"食色,性也",都是人的天性。

再后来,文艺界出了一堆官场小说、职场小说,这更加大了人们对"圈子"一词的贬义化理解。作为局外人的读者常被小说误导,将圈子与帮派混为一谈。

其实,我们的传统文化对圈子是长期禁锢的。秦始皇的焚书坑儒、隋炀帝的科举制度,都限定了自由圈子的形成。魏晋时的"竹林七贤",五四运动后一些流派,尚存有自由圈子的影子。其他的如东林党、平定太平天国的曾国藩势力等,都不是因兴趣、爱好等聚集起来的自由圈子。

自由圈子一定得由活动来承载,这种活动一般叫"沙龙"(Salon)。在法国大革命后,尤其是在 19 世纪,沙龙风靡于欧美各国,多由有话语权的贵妇张罗。沙龙成员主要由文化界人士构成,后来不限于作家、画家、戏曲家,哲学家、政治家、工科学者也参与其中。这些沙龙会定期举行,参与人数不多,但都是名流。话题泛泛、自由交谈,很是雅致。

同期,在中国历史上流行的是"堂会"。官宦和士绅巨贾因婚寿喜庆而宴请宾客,邀请各种戏曲名角唱堂会戏。有的堂会戏台不摆在家里,而是在酒楼会馆或室外搭台,还有专门租戏园子的。一般的堂会都很热闹,主家出资,宾客会奉上物、钱作为贺礼。

西方的沙龙,参加者多是知识阶层,活动其实是泛知识的交流;中国的堂会,热热闹闹,与会者沾主家的喜气,把酒言欢间享受一场戏曲盛宴。相同的是,沙龙、堂会都是社交方式。

民国时,被后世喻为奇女子的林徽因召集的"太太客厅"大体就是欧美文化沙龙聚会的样子。"太太客厅"本是硕学鸿儒们的私人聚会,却因冰心一篇别有意思的小说《我们的太太客厅》而闻名,继而被知识界、文化界渴望自由的人所向往。后世学者普遍认为小说原是因妒而生的讽刺调侃,但有革命和民族爱国的情怀。刚从山西返回北京的林徽因看到小说后,派人给冰心送去了一坛山西老陈醋。多少年过去了,没人再追究意识形态的东西,此段子却被时常谈及。

再看中国历史传承下来的堂会。清末红顶商人胡雪岩为母亲操办一次寿宴时,从灵隐寺到杭州城设置贺堂七处,庆典前后七天,场面浩大、甚为铺张。及至后来胡雪岩倒掉,那帮昔日争相与胡巴结的人,又最早站到了他的对立面。

看古谈今,不难发现,中国人的文化传承中并没有形成真正的圈子文化。马克斯·韦伯①在他著名的《新教伦理与资本主义精神》一书中,将资本主义精神的基础归因于路德新教带来的广泛社会精神文化,即精于职业、精于赚钱的美德。在另一部著作《儒教与道教》中,韦伯指出,是儒教伦理阻碍了中国资本主义的发展。社会的"社"字,基础即是社交。先贤韦伯的两本书所提理念并不能完全苟同,但能确认的是我们没有形成同西方一样的广泛的社会精神,这体现在我们的社交和圈子是畸形的。

即使延伸到现代的一些圈子活动,组织者、参与者往往都带有目的性。圈子利益无可厚非,但参与者在这种圈子活动中没有获得满足感和认同感,进而又没有归属感和安全感。这就有相当大的问题。这样的活动所形成的圈子非常脆弱,必须有利益的黏合,一有问题极易树倒猢狲散。

从一些商家的答谢活动、酒会等方式上看,想得到预想的成效特别难。近年,"圈层营销"的概念首先在豪宅地产销售上流行起来。"圈层营销"从操作层面看没有任何问题,完全符合营销科学理论。但毕竟是买卖房子,这种营销难有延续性:谁会天天买房子?买房子要考虑的并非圈层,而是地段。卖房子的关键点自然要落到成交那一刻。即使与名车汇、银行理财、高尔夫俱乐部等异业合作,延续

---

① 马克斯·韦伯(Max Weber,1864—1920),德国著名社会学家,政治学家,哲学家,公认的现代社会学和公共行政学最重要的创始人之一,被后世称为"组织理论之父"。在其代表作《新教伦理与资本主义精神》一书中,韦伯讨论了伴随欧洲宗教改革运动而出现的新教伦理及后者对现代资本主义的起源和整个西方理性化进程的影响。

的商业与房产销售又有什么关系？

"圈层营销"中还有话语权对等的问题。销售与买主之间得有很多相同的属性，才能融为一个圈子。传统销售想做到这一点太难了。借用一位作家打过的比方，去一般餐厅吃饭，服务员是农村妹，她刚在老家喂完猪就来喂人，在她看来只是人比猪好喂。在看透其背后的脉络后，就会发现看上去气派的做法是多么荒唐。

很多问题也延续到了微信等社交软件上。重视营销的商业人会拼命加好友，每当新加入一个微信群后，恨不得一下子把所有陌生群友都添加为好友，尤其是遇到名人时。其实这只是社交工具放大了无知。不幸的是，还出现了很多加粉的技巧和骗粉秘籍，有的还图文并茂，看上去"很高级"。

商业人在面对互联网化的社交圈子时，会遇到比以往任何时候都要多的不靠谱，这些不靠谱的东西常被包装得很奢华，"看起来很美"。

邓巴数与差序格局

跳出对圈子圈层表面化的理解，从人文视角上着眼，还是可以发现一些可借鉴的理论。

英国人罗宾·邓巴①提出了"150邓巴定律"：人类社交上限人数是148人，即包括互联网社会工具在内，一个人的交往对象最多大约是150人左右。其中能够进行深入交往的约20人，而最深交密友为5～7人左右。这是由人的心智能力决定的，150人开外的连泛泛之交都算不上。150这个极限数字，有时候也被称为"邓巴数"。邓巴定律最有价值的地方不在于数字上是多几个还是少几个，而是在于告知人们如何合理地搭建圈子，甚至是进行节制性的社交。对商业人来讲，单个人能维护的客户人数是有限的。

邓巴定律有着超强的阐释能力，很多研究学者和社会化营销实践者都对此表

---

① 罗宾·邓巴(Robin Dunbar)，英国牛津大学人类学家，其根据猿猴的智力与社交网络推断出了"150邓巴定律"。

示认同,但往往又陷入不知如何实践的纠结。

这就必须提到"差序格局"。

"差序格局"最早是由我国著名社会科学家费孝通①先生提出的。他在《乡土中国》一书中指出,西方社会是团体状态,"中国乡土社会以宗法群体为本位,人与人之间的关系,是以亲属关系为主轴的网络关系,是一种差序格局……西洋社会像中国田里捆柴,几根稻草束一把,几把束一扎,几扎束一捆,几捆束一挑。"②。

欧美外企中,只要明确了上下级汇报关系,这个组织结构就不会乱。但这种关系移植到中国企业中就行不通了。因为每个人都有自己的复杂关系,中国文化中的这种超越工作汇报关系的复杂联系如乱麻一般千头万绪。在一般的工作单位中,两位有烟瘾的男员工常到办公室外吸烟,他们的上级可能就会开始犯嘀咕了。同理,两位女员工总相约一同去厕所,她们就形成了一个小圈子。公司中,如果两个员工是同一所学校毕业的或者是老乡,潜意识中,他们的关系就会超越与其他员工的关系。

在商业全球化以后,中西管理有融合,也有各自的变化,但涉及传统根源的东西几乎没变。

费孝通先生的"差序格局"将最内层的圈定为血缘,即亲属,其次是邻里地缘。现在看来,在血缘、地缘再往外,就是经济收入,然后是政治地位,再然后是职业行业,比如 IT 圈、金融圈、影视娱乐圈。接下来才是知识文化方面的圈子,如同一所高校毕业的,不同高校相同专业的,等等,都会形成圈子。最后才是兴趣爱好形成的小圈子,这也是最外面、最弱的圈层(见图 9-1)。

圈层的差序格局,在不同的时期会有先后次序的不同。这种现象可以称之为"价值游离"。例如,有些时候有些人会更重视知识文化或政治地位,重视的圈层就比较靠近内层。有的圈层会有细微的时代性变化。例如夫妻两人,在以前被归

---

① 费孝通(1910—2005),汉族,江苏吴江(今苏州市吴江区)人,世界级社会科学家,国际应用人类学会最高荣誉奖获得者,中国社会学和人类学的主要奠基人之一,知名著作有《乡土中国》、《中国士绅》等。

② 费孝通:《乡土中国》,人民出版社 2008 年版,第 28 页。

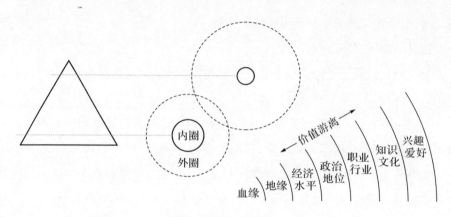

图 9-1　圈层与差序格局示意

为最内层的亲属,但毕竟夫妻没有血缘关系,现在很多社会性问题都导致离婚率升高。即便如此,夫妻两人闹矛盾时,周围亲朋多是劝和不劝分。其实夫妻两人即使没有血缘关系,还有地缘——都在同一片屋檐下生活。这是一种最内层的关系,处于外层圈的亲朋属于外人,也很难判断个中问题。而如果是求爱的年轻人,一方苦追不得,另一方油盐不进,婚恋高手们往往劝追求的一方放弃,这背后起作用的也是差序格局。

按照邓巴定律,包括社交软件在内,人的社交对象是有上限的,但至少可以分为内圈和外圈。在邓巴定律和差序格局基础上,内圈和外圈有一个守恒性。外圈比较大,内圈就会特别小;外圈不太大,内圈就不会太小。这可以解释,为何有人认识很多人,但都是泛泛之交;有人认识的人很少,但深交颇多。

这些道理,在互联网新商业的一系列变革中,都有参考意义。

现在再来看,很多搞新营销的人,削尖了脑袋也进不了圈子,原因其实不在于圈内人有多傲慢,而是人脑的社交能力实在有限。

有更多的社会化营销实践者,企图通过兴趣等方式搭建出有用的圈子,最后发现也是徒劳,因为兴趣爱好多处于外圈。现在出现了很多"私人董事会"现象,但职业行业层面的交流并不处于差序格局的内圈,这个道理务必要弄清楚。

强关系，弱关系

美国人格兰诺维特①在 1974 年提出了弱连接的理论。他的这套著名的理论涵盖了两个词，一个是强连接（strong ties），一个是弱连接（weak ties）。格兰诺维特认为人接触的亲朋、同学、有直接联系的同事等，是一种强连接现象。在强连接的网络内，人的同质化程度较高，由情感等因素维系。此外，相对的是弱关系，弱关系范围广，没有感情维系，是肤浅的认识。例如，一般客户、快递员、去医院见到的医生护士，甚至电视中的主持人、广告里的明星、畅销书作者。

如果与邓巴定律结合来看，在人际关系的内圈，每个人大约可以和 20 人左右建立强关系，和外圈的 130 人建立弱关系。在微博、人人网上，如果有人一天到晚刷屏，强关系的人不会取消关注，弱关系的不但会取消，"拉黑"了都有可能。

格兰诺维特的弱关系理论，最早脱胎于他做博士论文时的一项调研。他调研了哈佛大学附近一个小镇的人们找工作的方式，发现不管是白领、高管还是技术工人，找到工作多是通过弱关系。

特别糟糕的是，后来依托格兰诺维特弱关系理论的一系列研究论文和书籍，都在引用他原始的"找工作"案例。② 也有人用弱关系理论研究富人和穷人，发现富人的弱关系圈更大，他们的社交多样性更丰富，穷人则反之。这个研究结论没有问题，但会给受众误导。大量想变成富人的穷人盲目拓展社交圈子，最后并没有致富，最多只是成了繁忙的"交际花"。

17 世纪，一群受英国国教迫害的清教徒在驶抵北美的五月花号（May Flower）船上签署了《五月花公约》，由此奠定了一个契约型国家的诞生。这也决定了美国社会的弱关系文化。这与欧洲文化不太一样，欧洲人讲究家族、崇尚贵

---

① 马克·格兰诺维特（Mark Granovetter），美国斯坦福大学人文与科学学院教授，曾任该校社会学系主任，他是 20 世纪 70 年代以来全球最知名的社会学家之一，主要研究领域为社会网络和经济社会学。

② 格兰诺维特博士论文曾扩展为一本书《找工作》（Geting a Job）。

族,是另外一种品质文化。

但在中国,弱关系文化似乎有点走不通。指望信息的广度和多样性很难办成重要的事。人们还是会想方设法找关系、托关系,于是"关系"演变成了一种可寻租的资源。关系变成了另外一个词,叫"人脉"。搞关系的目的是获得人脉。人脉是一个一个的结点,结点上是重要人物,如果那些人物提供了有价值的帮助,便成了东方人所说的"贵人"。

虽然有些许不同,但格兰诺维特弱关系理论有东西方共同的适用性,那就是"强关系"很难做创新,"弱关系"更有价值。背后的深意是,跨界才是生产力。

在各种社会化平台和互联网工具诞生的早期,没有专门针对强、弱关系的功能性设计。例如,QQ就是个聊天工具,聊什么都可以。MSN则用于工作,直接关联邮箱,不在线也可以发邮件。很快,这个界限模糊了,QQ也有了关联邮箱。又过了几年,MSN却消失了。百合网是"剩男""剩女"找对象的网站,早期没有实名认证时一度滋生了各种问题,在没人作保的情况下,总会乱象丛生。

这就要讲到针对强关系、弱关系的中国特有问题——诚信质押。

诚信质押在不同的事情中表现不同。还是以婚恋网站为例,与线下媒人介绍的相亲相比,婚恋网站最大的问题就是没有低成本的质押机制。传统亲朋介绍朋友时有质押,是一种"人脉质押",也可以叫"人情质押"。

有"人脉质押"或"人情质押"的时候,找配偶的年轻人就不会乱来。如果没有"人脉质押"或"人情质押",即使对方信息的真实性没有问题,年轻人也会草率对待。在人们的潜意识中,反正是来路不明,就不用认真对待。正因为这种想法很普遍,另外一个市场便被催生出来了,陌陌等社交软件就是代表。

如果抛开婚恋网站,仅仅说社交,很多时候遇到陌生人时,人们都习惯先不说具体的事儿,而是先攀"关系"。如果能聊到"你的谁谁谁是我的谁谁谁",这样关系立马就拉近了。而被牵扯进来的"谁谁谁"即使没在场,也被动地把自己的人品和诚信质押到了朋友的社交里面。

所以,中国的社会主体性文化,既不是绝对的法制,也不是完全的人治,而是礼治。①　这种礼治秩序,不但在很长时间内都存在,而且会持续存在下去,跟互联网没关系。现在互联网公司雇用了很多产品经理,在各种试错中调整产品功能,最后结果都是趋于"礼治"。没有被淘汰的互联网产品,都实现了诚信质押机制。最典型的就是支付宝,支付宝固然有先发优势,也有与淘宝网的强关联,但最重要的是支付宝本质上是一种"诚信质押"。

现在再来看互联网新商业,在移动互联网背景下,中国的新商业该怎么做?

在媒体噪声的诱导下,无目的地跟用户互动,单纯培养强关系,不一定全都合适。疯狂地加粉丝,投入巨大的资源做内容营销,据守弱关系用户,可能也不合适。

还是用"产品—服务—用户"模型来看,首先得区分产品是刚需用品、快消品还是大件耐用品、奢侈品。在服务运营策略上,快消品可以用"与用户谈恋爱"的方式,采取强连接策略,有消费惯性的用户就会长期依赖。数码家电或其他电器,一次购买会有很长的产品使用周期。这就需要搭建商业生态,形成用户圈子,请用户参与设计和体验过程,商品价值也采取"转移支付"的方式,与产品用户发展出弱连接的"关系联盟",用户才会去主动传播。

此外,当然还得研究用户。用户属于怎样的圈层,哪些是他们可以影响到的潜在用户,等等,不一而足。想仅凭网络上疯传的"互联网思维"或者总结的"秘籍",单纯靠培养粉丝、做微信互动或者某一套概念就能包打天下,那不是骗子的伎俩,又是什么呢?

广告代言

现在有很多词被用滥了,例如专家。好在还有个替代的词——达人。他们的本意是一样的,都是指某一领域非常专业、出类拔萃的高手。还有个替代的词,很有江湖味道,叫"意见领袖"。

---

①　费孝通:《乡土中国》,人民出版社 2008 年版,第 58 页。

最早的"达人"真的来源于江湖,他们还有另外一个名字叫"把式"。古时跑江湖的人,比如卖大力丸狗皮膏药,往往先表演胸口碎大石、金枪锁喉之类的绝技。会武术的人,常被称为练把式的。事实上,武侠小说中的江湖侠客是不存在的,更多的是江湖艺人。

杭州西湖西泠桥边有武松墓,碑文刻有"宋义士武松之墓"。《水浒》中的山东武松,武功了得,又是打老虎又是杀恶霸。在可考证的历史中,武松原本就是个江湖艺人,在杭州城涌金门外表演武艺,收取观者的打赏。后被知府相中,从都头做到提辖。知府得罪权贵被罢免后,武松也被逐出府衙。继任知府是蔡京之子蔡鋆(yún),任上虐政殃民。在蔡出行时武松用刀将其刺死,武松也被卫士擒获。不久,武义士即重刑死在狱中。

古时江湖艺人靠打赏收入很微薄,但同时可以卖药。围观者不只观看了武艺表演,还可以顺便买点艺人卖的药,跌打损伤时用得上。后来就演变为艺人先表演武术、耍猴、说唱,先把人吸引来,热热闹闹演完之后,再卖点东西。

再后来,有专精艺人,专门走卖艺的路子,能开戏园卖门票,能开武馆收徒弟,有的成了名角儿,以至于后来演变为各路明星、艺术家。此外,也有跑江湖的,辛苦积攒点小钱后就开一爿小店正儿八经做起生意,有的还买点薄地。

如果以清明上河图所绘的北宋繁荣为起始点,随后近千年的历史中都没有商品代言这个说法。在漫长的历史中,农产品加工、手工商品等都是通过口碑传播,谁家商品好、不坑人,谁家顾客就多。这样渐渐形成了字号,一般叫得响的字号,就代表了商品好、讲诚信。

后来程朱理学禁锢了南宋及以后的国民思想,女子要讲贞节,老百姓就老老实实务自己的业。

直到清末民国,尤其是五四运动以后,无声电影等新鲜东西进入了中国。除了传统艺术的角儿,国人也有了自己的电影明星,民国四大美女中的阮玲玉和周旋,以及与阮玲玉齐名的胡蝶,她们都做过广告代言人。阮玲玉曾为可口可乐做广告代言,胡蝶手拿力士香皂的形象也出现在报刊和张贴画上。京剧四大名旦之首的梅兰芳接受了德国奔驰赠送的一辆汽车,他出行时记者拍的照片中也会不断出现这辆车。

中国人有广告营销意识的也大有人在。钱塘文人陈蝶仙也是位实业家。他早年做言情小说,当过《申报》副刊的主编,是鸳鸯蝴蝶派的代表人物,写过以胡雪岩为原型的小说《雪岩外传》。一次他在海滩上看到乌贼鱼骨,通晓化学、经济的陈蝶仙冒出一个想法:那些鱼骨可以做牙粉的原料。于是他开始做牙粉生产的实业,并设立品牌。因当时中国的轻工业被日本倾销,陈蝶仙将产品命名为"无敌牌",还注明"中华国产",硬是打退了日本的倾销品牌。后来,无敌牌还出了雪花膏、香粉。"据说,陈蝶仙的爱女陈小翠,面孔用无敌牌雪花膏擦得雪白,足蹬高跟鞋,在杭城的大街小巷迤逦而过,着实是一幅水灵灵的流动广告画。"① 1929 年西湖博览会②上,陈蝶仙在孤山上搭建了一个喷泉,喷出的是他的无敌牌花露水,摩肩接踵的行人刚到断桥就可以嗅到香味。③ 中国从来就不乏广告营销创意。回过头来再看我们现在的广告和广告代言人,较之过去,其实没进步到哪里去。

再到 1949 年,不可能有广告代言了,这一断又是几十年。

直到 1990 年,犹豫两个月后才做出决定的著名老电影艺术家李默然,为三九胃泰拍摄了中国第一个明星代言广告。"干我们这一行的,生活没有规律,常患胃病……三九胃泰是治胃病的良药。制造假胃药品,是不道德的行为,应该受到社会的谴责!"广告一播出,就引起了轩然大波,人们议论明星到底能不能拍广告,"邓世昌"收了企业多少钱。④ 李默然曾在电影《甲午风云》中扮演民族英雄邓世昌,但"文革"中因邓小平被批判,李默然受到了株连。拍广告时,"文革"已过去十几年,但"左"的惯性还在。有战士写信说:"您一直是我心中的偶像,没想到您也把自己当成商品……"李默然因为这一则广告备受非议,被推到风口浪尖,这种议

① 许丽虹:《寻找陈蝶仙》,《杭州日报》,2009-12-10。
② 1929 年的西湖博览会是中国会展史上一次规模较大、影响深远的展销会,开中国博览会之先河,历时 137 天。筹备耗时近 8 个月,持续 4 个多月,扫尾工作长达一年。据后世评论,博览会的召开刺激了萧条的工商业。对于经营者们来说,博览会是推销产品与改进企业发展的一个良好商机,虽然耗费巨资,但对经济的促进作用不可估量。另外,博览会也促使民众自觉地比较洋货与国货之优劣。
③ 参考电视纪录片《西湖》第八集"西博往事"。
④ 吴晓波:《大败局 2》,浙江人民出版社 2007 年版,第 200 页。

论已经上升到斥责的地步。①

　　事实上，李默然当时顶着中国剧协副主席头衔，正在剧协书记处委托下筹资办第二届中国戏剧节。三九药厂是体制内军办企业，上级是第一军医大学，归解放军总后勤部，其掌门人赵新先也是军人出身。三九胃泰刚面市时，赵新先主要办学术报告会，全国挨个城市办，邀请了卫生局、药材公司、大医院等各种专家及记者。因为当时军工产品的口碑好，赵新先就穿上军装做报告，效果更佳。订单很快就蜂拥而来。赵新先还在国内首创了出租车顶上的灯箱广告，这是他从一个美国电影里瞥见的，接着就跟广州出租车公司谈定了下来。② 当赵新先找到李默然时，李默然首先考虑的就是人言可畏。他详细了解了三九药厂和三九胃泰的药效，确认产品真的可靠后，还要求在广告中加进一句——"制造假冒产品是不道德的行为，必须受到全社会的谴责"。这句既有对厂商的鞭策，又有自保的考量。但即便如此，引起的社会讨论和对李默然的争议还是非常大。在广告费用方面，三九药厂给了中国第二届戏剧节 20 万元赞助款，李默然则得到一部随身听算作个人酬劳。

　　此后，李默然再也没有接拍广告，他也不敢辩解，怕被人认为是"换个角度自我宣传"。而广告主三九胃泰却越做越大，一度成为中国最有影响力的医药品牌。

　　也是在 20 世纪 90 年代前后，安徽人史玉柱以他赊来的电脑做抵押，在《计算机世界》先打广告后付款，以此为他开发的汉卡软件找买主。广告为期 15 天，头 12 天一点动静都没有，但第 13 天一下子收到三张汇款单，共计 15000 余元。两个月后，他的账面金额达到了 10 万元。他一分不剩又全都投到广告上，半年后回款 400 万元。知识经济的魅力可见一斑。

　　1992 年，史玉柱的巨人集团资本金已过亿元。后来的几度转身，每一次都是广告先行，史玉柱也被一次次推为缔造商业神话的大佬。

---

　　① 参考王南方博文《中国第一个代言商业广告的明星》，http://blog.sina.com.cn/s/blog_4ac5b19f0102e15w.html。

　　② 吴晓波：《大败局 2》，浙江人民出版社 2007 年版，第 199 页。

达人经济

20 世纪 90 年代中期开始,企业找明星做广告成了提升品牌价值的不二法门。只要产品质量没问题,凡是拍广告的商家都赚钱了。进入 21 世纪以后,明星代言广告更加繁荣。不但影视剧能造星,各地卫星电视还推出了许多"造星"真人秀节目,湖南卫视的《超级女声》、东方卫视的《我型我秀》等,捧红了一大批新人。这些新鲜出炉的明星除了"走穴"就是拍广告,在新世纪头十年里,"消费明星"的市场也空前巨大。另外,很多企业家也开始拍广告,一些高调的企业家,如潘石屹、张朝阳等都率先给别的企业做起了代言广告。这些企业家不但拍广告,有的还拍电影,忙得不亦乐乎。

繁荣总伴随着问题。人们发现明星与商品的质量已经完全脱节了,这是机械化带来的恶果,明星由经纪公司运作,明星被运营为赚钱引擎。商品公司要的是明星的影响力。许多明星代言的商品,自己压根就没用过。商品一旦出现质量问题,各种对明星的质疑就会骤起,例如三鹿奶粉、藏秘排油。如果明星出现负面事件,对所代言的商品的影响也非常大。有实力的商品公司会准备两套广告,明星出现丑闻就第一时间撤换广告,还有的跟明星签有负面新闻索赔的协议。有意思的是,也有反其道而行之的。据报道,陈冠希"艳照门"爆出后,牵涉其中的有些女艺人的广告代言反而增加了。明星如果接拍广告太多,过度曝光会产生稀释效应,受众觉得这种明星代言的商品不可靠,商家的损失无法衡量。

总而言之,明星与商家间的游戏规则缺乏"诚信质押",代言广告已经是一种风险性商业活动。

到了 2013 年,情况有了新变化。陈欧自代言是标志之一。这位帅气的小伙子虽是 IT 男出身,但不乏明星气质,并且愿意高调做事。除了参加娱乐化的职场求职节目,主打励志元素的自代言广告将他自己与聚美优品紧紧绑到了一起。个人品牌和公司品牌用一体化的方式推出,既节省了成本,也避免了明星代言的问题。

　　陈欧做得很成功,但是总让人觉得有些别扭。主打美妆的垂直电商品牌和励志广告怎么匹配起来呢?

　　常被人拿来与此并论的乐蜂网,解决了这种别扭。乐蜂网的老板李静本就是媒体名人,她是因为对精油的热爱才做起了乐蜂网,每次出国都拖回几箱瓶瓶罐罐的精油或化妆品。乐蜂网的母公司东方风行集团最早的业务就是传媒,原是专门制作电视节目的娱乐传媒机构,后来将乐蜂网做成了渠道。在网络推广费用居高不下的时候,乐蜂网搞出了达人模式,用美妆达人吸引客流量。这是在本书提出的电子商务第二阶段(2009—2013年)发生的。李静本就是美妆达人,旗下有几个知名电视节目,又将几位大牌美妆大师纳入麾下,还在网站社区推出打造草根明星计划,另外还做自主品牌产品。看上去,这走的是一条"达人电商"的道路,也有媒体报道将李静与玛莎·斯图尔特相提并论。实际上两者之间有较大差别,乐蜂有一堆达人,还分层次;玛莎·斯图尔特是一个人,是单纯的自商业玩法。

　　更像玛莎·斯图尔特的,倒是一位台湾小伙子——牛尔。他原名牛毓麟,在台湾被称为"美容教主"。牛尔从小受到母亲销售化妆品的影响,医学院毕业后即进入美容界,曾在知名美妆品牌公司任职,是多档美容电视节目的达人嘉宾。他曾在多国精研学习,先后出版过五本美容畅销书,后来创立了娜露可(NARUKO)品牌。牛尔研制的产品在大陆的销售渠道非常丰富,除了在天猫、京东等主流电商平台有旗舰店,也有官方网站。另外,娜露可品牌还有线下完整的销售渠道。

　　按照一般的划分,牛尔不能算是明星,但却是真正的达人。他的美妆经验之资深,给受众极大的信服力。这种信服力,不是一般明星能够做到的。一般明星顶多引发"粉丝经济",粉丝的无偿支持和狂热消费往往是非理性的。但达人却完全不同,达人的专业独立性立于商品之外。甭管什么家居用品,交到玛莎·斯图尔特手上,她都能做出有意思的东西。受众信任的更多的是她的专业,她自己的个人品牌在无形中起到了"诚信质押"的作用。在玛莎·斯图尔特推出自有品牌的商品时,她的个人品牌继续质押在商品质量上。

　　有很多的商业评论一边倒地认为,将个人形象与公司形象绑定得太紧密,风险极大。在玛莎·斯图尔特被迫服刑前,这种担忧似乎很有道理,但没法解释玛莎·斯图尔特出狱后的股价飙升和再次崛起。表示担忧的主要还是媒体、投资及咨询机构的从业者。从专业角度看，他们的担忧不无道理。但这些人都不是商业运营者，更不是当事人。看上去不酷的"没有负债、扎实运营"才是做商业的正确道路。商业真正的成功在于走正确道路，跟个人形象是否与公司绑定，关系不大。

自代言

现代公司企业的理论基础是有限责任制，与之对应的是原始的无限责任制。原始的无限责任制起源于农耕社会。工业社会起步后，无限责任制很快暴露了其先天的束缚性，经济发展的重要元素已不是耕地物权。要想繁荣，只有实行资本自由。机械化大生产更是需要大量的资本，大型的机械设备等生产资料已不是家庭式经营体能够负担。工业社会还需要减少和转移股东投资风险，允许资本股东与经营责任的分离。没有这些基础，工业生产会是一团死水。从 1855 年开始，英国率先颁布了《有限责任法》，随后直到第一次世界大战前的半个世纪里，德、法、日等国家都先后通过了类似法律。

有学者认为，有限责任制改变了人类经济史，此言并不为过。在有限责任制创造了巨大社会经济价值的同时，一些局限性也逐渐凸显。任何制度都非滴水不漏，对制度死角的滥用总会存在。股东和经营者之间、集团和子公司之间、公司利益和社会责任之间，都存在工业化解决不了的矛盾。最麻烦的是，有限责任刺激了股东投机冒险，风险从股东转移到经营者和债权人身上。许多现代经营问题，都有其制度性根源。在这些问题上，东西方的国家制度都是通过不断出台"贴补"法案或法律来解决。有限责任制，还会作为现代公司的主体制度长期存在。

有限责任制的存在基础之一，是因为在 19 世纪中叶至 20 世纪，组织机械化大生产需要大量的资本。海量的资本聚集后转变为重型生产设备。企业重资产，必然会抹杀掉人格化的东西。这些资本企业的产品如果是面向大众消费者，就必须弥补人格化的不足，加入温情元素。找一位大众知名度高的明星代言，成了必然选择。

现代企业是基本的经济单元,在进入信息社会以后,商业公司受到的冲击不小。移动互联网使信息的传递更快、更透明,消费者越来越聪明,有时他们掌握的信息比商家还多。遇到问题,消费者会抱团维权;商品和服务不错,消费者也会自发地交流体验。

最重要的是,消费者不再盲信明星代言了,谁都知道代言跟商品质量是分离的。消费者会更关心商业公司的领导人。领导人的形象是否靠谱,对商业公司业务的影响越来越大。来自于产业链最下游的变化,已经在倒逼现代公司企业的诚信养成,尤其是经营领导被迫与公司产品质量绑定,这符合"诚信质押"的规则。不可否认的是,消费者所代表的大众价值观非常苛刻,甚至延伸到了道德层面。商业公司领导人的任何瑕疵都会被大众无限放大,绝大多数情况下大众都是一声不吭就盖棺定论,不再购买公司的商品或服务,只有极少人会闹出动静。等到这些公司的公关着手处理对领导人的争议时,仅能做到有限控制。实际上,需要公关出马解决网络上的声音时为时已晚,对企业公司来说已是一场必输的博弈。

这并不是要求公司领导人都必须修炼成完人,但要有责任感、有担当,这些东西在互联网时代是"挂相"的。消费者觉得商品或服务有问题,一定会追溯到公司领导人有问题。

于是,不少企业干脆不再使用明星代言,而是请自己的领导人亲自代言。这背后透露出时代的需求,工厂化生产的明星已不具备"诚信质押"特性。商业需要更可靠的人格化代言,要有诚信质押,这些人格化的东西首先指向了企业首要领导的个人品牌。

很多公司不但由主要领导做代言,员工也加入了代言行列。不少公司鼓励员工参加求职、相亲、选秀等娱乐电视节目,帮助公司进行形象宣传。另外,有不少的消费者、合作伙伴会关注企业员工的微博、微信,他们相信从员工个人的微博、微信上能看到更真实的东西。员工在微博上的一句抱怨,潜在的损失远超过企业市场形象的投入。

个人品牌

品牌这个词,原本是对市场的暴力。品牌的"品"字最初指的是品质,现在又多了一层"人品"的含义。中小公司的企业品牌起到的作用越来越有限,但个人品牌的作用却越来越大。很多时候,消费者是因为信任某个人,进而信任他的公司。如果这个人又是真正的达人,起到的作用会更大。

也正是这一规则被认知后,在各种社交媒体上出现了一批"伪达人",用一些技术化的手段被包装出来。辨别"伪达人"也很容易——看其经历。没有足够时间的历练,尤其是没有一线工作经验,很难成为各行业的高手。在任何时候,"劣币驱逐良币"的现象永远存在,但伪的东西毕竟经不起考验,受众的辨别能力愈来愈强,"用脚投票"会成为消费市场的主要特征。

而讲到个人品牌,又很容易陷入气质、着装风格等浮于表面的东西。以魅力代替品牌是非常愚蠢的。好的"个人品牌"一定不会像"个人魅力"那样鲜明,甚至会有点沉闷。

更重要的是,个人品牌的核心本质在于正确、积极的价值观,心要稳,才能养护好个人品牌。在这一点上,东、西方人的思维风格有着巨大差异。欧美有崇尚自由的传统,也讲求"信、望、爱"(源自基督教)。东方人普遍有济世思想,讲求"敬天爱人"。真正的企业家,都会特别重视心的修炼。

品牌为避免过度包装的诱惑,尤其需要有定力做到真正的自主。在互联网时代,这个规则也不会变。很多火爆辛辣的营销现象消失得很快,企图挑战传统价值观的个人很难上位。

个人品牌不是将自己塑造为明星,自商业者要有企业家精神,一般他们都能明晰自己的社会价值所在。明星如果成为不了艺术家,媒体从业者如果成为不了学者,自商业人如果成为不了企业家,社会价值就很难提升。

个人品牌不只是企业对外,在公司内部也存在个人品牌。现在很多公司里都有内部"明星",他们有很好的个人品牌,有的专业精湛,有的乐于助人。我在上海松江一家公司做调研时,发现有位员工工作热情异常突出,不但业务不错,而且乐观豁达,不甘平庸。几个月后再回访时,一位管理领导交给我一个员工评奖情况表做参考。在得奖员工表上,别人多是入职一年左右得奖,而她只入职三个月就得奖了。同事评价她是个标准的热情行动派,常面带微笑,给人很开心的感觉,就像时时充满了好运气一样,团队都喜欢其带来的正能量。

很多时候,在企业内部的个人品牌,意义与价值会更大。

客观来说,组织必然会平衡掉一部分人的个性。在与组织妥协的过程中,一般员工很容易积攒负能量,员工最好拥有针对组织的"反脆弱性"。就像塔勒布讲的胖子托尼以及上一章提及的李岩一样,学会从时代、互联网的各种混乱与不确定性中获益。公司员工和组织内的个人,一定得学会化解怨气,而不是无限制地囤积怨气。掌握了化解能力,就具备了职场的反脆弱性。

能够预料到的是,不管是商业公司、职场个人还是个体创业,在移动互联网时代都会用到自代言、自营销的方式展示自己的品质和个性。掌握好个人品牌的维护,自己为自己"背书",是我们新时代的特点。

第 10 章

企业互联网战略

曾 被热炒的"互联网思维",后来被媒体判定为骗子思维。一方面,各种推手继续在炒卖"互联网热",不乏著书立说者换个名堂继续贩卖,尤其是拿来忽悠传统企业。另一方面,传统企业确实遇到了时代性的疑惑,被媒体一再渲染,就真有了互联网焦虑。

事实上,互联网公司应向传统企业学习的地方太多。经济生态具有自我校正的能力,能活下去的只有符合时代性的企业,而不是做互联业务的公司。

企业互联网化的核心,不在于模仿互联网公司的特点,而是做到企业管理生态化和自组织。

企业互联网化

在欧洲管理学家弗雷德蒙德·马利克[①]的《公司策略与公司治理》一书中,他就以控制论的视角为企业面临的时代问题指路。思维之严密,论述之周全,令人叹服。其实,互联网化对企业组织的挑战性就在于"自组织"。而对于自组织,马利克从 20 世纪 80 年代起就在他的教学中讲"环岛交通"的例子。

在马利克"环岛交通"的基础上,可以将企业组织管理分为三种时代类型:农业化、工业化和互联网化。这三种类型在今天的企业管理中都存在。非常不幸的

---

① 弗雷德蒙德·马利克(Fredmund Malik),1944 年出生于奥地利,是欧洲著名的"圣加伦管理学派"的创始人。马利克教授是富有实践经验的欧洲管理学专家,在德语国家被誉为"管理和教育大师"。其学术理论在世界范围内都有极大影响。管理学创始人彼得·德鲁克称其为"管理学中最权威的人士"。美国《商业周刊》称其为"欧洲最有影响的商业思想家之一"。

是,大量的公司运用的是前两种低级类型,尤其是自我标榜新潮的互联网公司。

在早期的城市十字路口,会安排一名交通警察人工指挥交通。在工业化社会初期人力资源成本便宜的情况下,这么设置是可以的。工业化繁荣后,十字路口设置了自动控制的信号灯,但信号灯毕竟是机械化设备,不能灵活地控制车流,一个方向堵得一塌糊涂,另一个方向却可能在空等时间。虽然信号灯做得越来越智能,还加入了传感技术等控制设备,但怎么做都不像人脑那样灵活。

在十字路口设置一个简单的"交通环岛",在每个方向树立一个环岛标志的标牌,就能够让过马路的车辆自动绕环岛驶往要去的方向。这种"交通环岛"成本低廉,车辆不用停下,绕着环岛驶往右前左三个方向,由车辆司机自己判断。

可以将需要交通警察指挥的方式称为"农业化"企业管理,或者"交警式"管理;信号灯自动控制的方式为"工业化"企业管理,或者"信号灯式"管理;环岛绕行的方式为"互联网化"企业管理,或"环岛式"管理(见图10-1)。用"互联网化"的企业管理,一定是成本最低廉的。

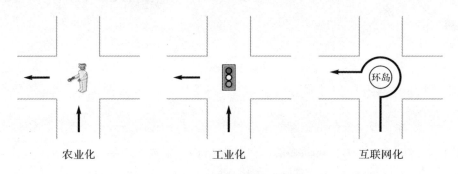

图 10-1　企业管理的三种形态

很多企业在搞互联网转型,却总领悟不到核心。尤其是受到"江湖术士"卖大力丸一般的蛊惑后,花大量的资金金钱,甚至不惜换掉员工,在旧有的东西上层层堆砌,把自己的脑袋越搞越乱。作为企业的管理者,听到一些新概念、读到些新锐观点,就立即动手实践的方法并不明智。平台化思维、社会化营销、大数据,这些都是大力丸,就是路边灰土捏制的,实际是否有效有待检验。

判定是否是"互联网大力丸"的方法也很简单,要看这种转型的实施成本是否低廉得难以想象。如果其不但有着昂贵的实施成本，还会使企业管理更复杂化，一定是骗子捏制的"大力丸"。

兜售参与感、体验至上、简约专注、极客思维、让用户尖叫……都是曾被媒体推崇的一些"互联网思维"。每次看到有企业家朋友对这些词汇迷惘又艳羡的时候，不免心生一种凄凉感。

这些东西，在 20 世纪 80 年代出现"后福特主义"管理学说的时候就有了。那时以信息和通信技术发展为基础，已经出现了生产过程和劳动关系都具有灵活性（弹性）的生产模式，也出现了以满足个性化需求为目的的企业生产。

20 世纪 80 年代，美国的不少企业都出现了边际利润下降的问题，其中有综合的原因，例如工会势力强硬、用工成本高，个性化产品需求渐多、品类增多占据库存，刚性生产缺乏合作等等。但一些管理学者发现在欧洲出现了弹性专业制的公司、日本出现了"精益生产"，这些都避免了美国企业发生的问题。当时的学者认为企业管理进入了"后福特主义"阶段。在这些学者的观点里，后福特主义有以下基本特征：

第一，为满足消费个性化需求的大规模定制。欧洲和日本采取的方法不同，但都能满足大规模定制的需要。

第二，注重外包，打造水平型企业组织。不再做大而全的全能型企业，而是精于某一产业专业化的战略。企业市场化成为时代特征，符合"科斯定律"。

第三，消费者主导，以消费者为中心，企业不断地创新和创造客户。

第四，弹性生产与竞合关系。企业不再是单纯弥补短板，而是发挥长项。企业跟其他企业既有竞争，又有合作，共同形成上中下游的互动链条，打造生态圈。

第五，部分决策权下放，生产者的自主性提高。新技术使生产者不再是单一操作的工人，生产者能做的事情更多，都成了高新产业工人。

互联网时代新商业的一些基本特征，如 C2B、生态圈、用户体验、社会化众包等东西，都没有逃出"后福特主义"的预言。而所谓的互联网思维，也只是"后福特主义"的延伸。幸运的是，互联网工具为"后福特主义"下的企业运营提供了便利。

其实，不管是"后福特主义"，还是被批的"互联网思维"，传统组织结构的公司都很难实现它们。真正的核心,在于是否有能力实现"自组织"。

传统组织管理结构的成效是 $1+1<2$。有"生命特征"的复杂性组织会发生"涌现",结果将是 $1+1>2$。在这种组织中,个体都不是聪明到耀眼的那种,甚至有些平凡简单,但组合成群体后就会发生质变。

企业互联网化,绝不是实现表面上那几个肤浅的特征,而是实现内外部"自组织"生态化。由自组织化的团队结构去带出那些互联网特征,并产生新的特征。

生态化与自组织

"互联网思维"只是特征,不是目的,但很多企业却将其作为转型的目标。其实,很多做互联网业务的公司都做不到真正的"互联网思维"。相当多的互联网公司,营销推广搞得轰轰烈烈,内部管理却低效而混乱。这些公司多喜欢标榜"被估值"多少,而不愿讲营业收入和利润率,包括很多上市公司都在淡化宣传营收和利润。

不少公司的管理仍然处于"非环岛化"的低级类型。典型表现为,公司内部门和部门之间的协调上依旧是"交警式"管理或"信号灯式"管理。

农业化管理协调主要靠人,部门有总监,协调靠副总裁,更小的单位也是"向上再向下"的沟通方式。有的设置部门接口人,接口人一般都是任劳任怨又能干的员工。而上级协调人或接口人又最易成为瓶颈。

工业化管理协调主要靠规则,规则一般是企业自己的规章制度和业务流程,有些规则内置在信息系统中,例如 ERP、CRM、财务等业务运营系统。这些系统和规则都有刚性,也易形成组织内人对刚性系统的依赖,甚至是弊端。典型的弊端就是,组织内的人可以借口系统功能不适用而惰性泛滥。依赖和弊端又形成新的破坏力。这种新破坏力,引起的麻烦更大。这就是塔勒布讲的"脆弱性",很多看上去强大的公司其实极其脆弱,所谓不确定性的"黑天鹅"一出现,企业组织立即分崩离析,或陷入极大混乱。

除了 ERP 等运营系统,也出现了专门的厂商来为企业提供公司内社会化网络服务,最有名的是 Yammer。[1] 如果说 OA(自动化办公)信息系统是企业协作1.0版,Yammer 代表的产品工具就是企业协作 2.0。这些产品工具能够辅助实现一定的企业组织内协作的自组织和生态化特点,但也有新的问题。这些产品多运行在各自厂商的集中云服务器上,而企业会顾虑托管在云上的内部信息,安全和泄密是最大的隐忧。如果仅是公司内部沟通,以开会通知为例来说,大些的公司组织者建个微信群就可以办到,小公司在办公室吼一声就都通知到了,系统总没有人工鲜活。Yammer 等产品还需要在企业知识库等功能上不断累积,以发展出足够的价值。如果说 ERP 等运营系统是红绿灯,Yammer 平台产品可看成信号灯上添加的智能探测器。如果组织内管理机制和人意识不转变,用再优秀的管理工具也是治标不治本,也无法形成真正的生态化自组织。

各种的企业运营和管理软件不断发展,需要企业不断投入巨额的 IT 费用。这依然是一种"工业化"的管理,就好比十字路口的信号灯,一旦出现故障,路口交通就乱套了。这类"工业化"的管理却大量地出现在国内互联网公司。

很多互联网公司快速地起来,又快速地倒掉,表面上看是因为一些"不确定性"因素的出现。事实上,那些导致公司摧毁的"不确定性"必然会出现,并不是偶然性的。

而在很多传统企业甚至农村区域经济体中,却有很多"不死"的基因。包括互联网公司在内的转型中的企业,应该从这些基因中汲取有用的养分。

典型企业掠影

我担任顾问或长期关注的典型公司有三家:奔腾电工、联想和海尔,对这几家公司都做过深入的调研,本章接下来讲讲它们的企业互联网化。

---

[1] Yammer 是 2008 年 9 月推出的一个企业社会化网络服务,主要作为企业内部通信平台,简单来说就是企业内部微博。随着 Yammer 平台上功能和应用程序的逐渐增多,它不再仅是一个通信平台。这些新的应用程序包括投票、聊天、活动、链接、主题、问答、想法等等。Yammer 最有价值的功能是从企业内部交流中抽取信息形成知识库,但一直未发现该产品在知识库应用上的典型案例。2012年 7 月,Yammer 被微软以 12 亿美元收购,随后并入 Office 产品线。

奔腾电工

奔腾电工是一家主要生产剃须刀、电吹风、加湿器等小电器的公司。它有一个特点：电商渠道销售的占比非常高。2012年，奔腾通过天猫、京东、当当、亚马逊等网销渠道的销售量占比为32%，2013年整体销售额8个亿，电商销售额近4个亿，占比达49%。电商占比这么高的一家生产制造企业，代表着他们的组织互联网化程度一定很高。

多次去奔腾电工调研后发现，他们的团队太年轻了，平均年龄只有26岁，连老总都是75后。他们思路活跃又一丝不苟，总能给外部观察者一种健康、阳光的印象。

我到他们的生产车间调研过多次，精益化生产线、全面质量管理执行到位，生产管理看板简洁干净，连生产工人水杯摆放位置都有固定标签。研发中心与测试中心、生产车间是一体化的规划设计，研发和运营人员的办公桌干净整洁。工作不是居家，有专业性，但他们做得并不沉闷。他们的网络分销商常愿意泡在他们那儿。分销商还坦言：做奔腾的代理是最幸福的。

成效高的东西总会有缘由。为了搞清楚，我就开始找他们的运营人员、支持人员、管理领导以及分销商挨个进行访谈。后来发现，根源恰恰在于他们极高的流程效率和付款速度。在他们的流程上，几乎不会押款，规定最多三天就必须将提成款打给分销商，超过时间会有处罚，实际这个流程在执行时没有超过半天的，很多是实时结算。就因为这一核心效率，使他们并非刻意地打造出了生态化。下游代理商愿意常跟他们合作，也愿意帮助他们，关系融洽。

我曾参加他们的电商旺季启动大会，大会末尾公布旺季销售策略，接着是线上线下代理商的现场签单。过程异常火爆，代理商现场刷卡付定金，短短几十分钟内入账百万元。

答谢晚宴中，有员工给他们总经理递过来一台苹果笔记本电脑，总经理在Virtual box虚拟机里运行CRM订单系统，快速完成了审批。我侧身看了一眼他的电脑界面，因为很熟悉这些系统，很容易看出他们业务系统的高效，也符合管理内控和萨班斯法案的要求。总经理审批已经是这个 7 级审批链的第 5 级，审批的是刚刚签下的单子，前后还不到一个小时。而且，平时他们也是这个效率。精益化、敏捷化贯穿整个组织的上下内外。这哪儿还是个传统制造型企业，完全就是个具有互联网精神的公司。

年初的时候，他们制订全年营销方案时是以游戏化的方式进行的。公司将运营人员打散到十几个临时团队，每个团队做自己的产品方案，后面还会评奖，按获奖等级发放奖金，获奖方案还会纳入年度营销工作中。我曾将奔腾电工的这个做法讲给一些互联网公司的负责人，他们都觉得好，但又觉得执行起来麻烦：我们80%的精力都在搞内部协调了，哪儿有时间这么玩啊，还是外包给营销公司吧。

听到这类讲法，我很是怅然，互联网公司就一定具有先进性吗？有意思的是，在一线城市的不少互联网公司里，员工白天上班散漫，没事聊个天、收个快递，会议讨论毫无成效，晚上还装模作样地加班应付，一周五天到周末就嚷嚷着累得半死。

奔腾电工的员工每周工作六天。他们的员工挺能玩，有很多活动在外人看来分不清到底算团队建设还是算市场活动。比如，周末奔腾运营员工会带自家的孩子去大学城做销售活动，台子搭起来，由这些小学一二年级的小朋友来推销奔腾电工的产品……大人、小孩玩得不亦乐乎(见图 10-2)。

图 10-2　奔腾员工的孩子们做推销

我曾访谈他们负责电商的员工,想搞清楚到底是什么因素让他们能够保持热情。按照一般咨询顾问的理解,原因肯定是企业文化、工作氛围、员工成就感、绩效激励等诸如此类。然而访谈的员工并不认为是这些,他们最后告诉我:是因为我们领导人好。

这个回答真是令人大跌眼镜。他们总有颠覆"专业"的东西。

联 想

从企业规模上讲,联想集团的规模比奔腾电工大太多,完全不是一个量级。但全球化的联想集团,那么多的产业、部门,有的还分散在不同国家和地区。是什么东西把他们的工作串成一体呢?我到联想做产品管理调研访谈时,发现他们的组织变化比较常见,跟典型互联网公司很相似,甚至变化更频繁。联想的运营等知识团队可以快速打散,又能快速聚集,工作成效不会受影响。这个特点非常像被称为"德国战车"的德国足球队,没有超级球星,但彼此间的配合却精密无比、动力十足,次次都能击垮拥有超级明星的球队。深入探索,会发现其中真正起作用的底层代码是柳传志时代就确立的"复盘文化"①。联想的复盘文化不是一个工作任务,而是渗透在员工血液中的思维,时时复盘,事事复盘。这跟互联网思维中"先开枪,后瞄准"的组织管理策略非常像,特别强调执行,降低了企业组织的熵。

海 尔

走进今天的海尔工业园,强差异化的感受扑面而来。

第一,工业园门口的保安不是刻板严肃的面孔,而是和善淳朴,还带有一丝时代感和服务意识。例如,你要去哪个部门,找谁谁谁,他们会友善地告知,可以乘园区内的免费班车,到哪个站,找到哪个楼。他们的身份更像是服务者,他们的职责更像是引导员。

第二,海尔的任何一个部门中都听不到"经理"、"总监"这样的一般公司职务

---

① 复盘来源于围棋,是指在对局完毕后复演该盘棋的记录,以检查对局中着法的优劣与得失关键。

称呼,取而代之的是经营体长、利共体长。办公室门牌标的也不是某某部或某某部门,而多是经营体、利共体。访谈一些员工时,他们称呼其他协作部门为利益攸关方。

在一些媒体文章或读物中,常能看到介绍海尔理念的文字,也常能读到一些差异化的细节。但纸上谈兵远没有亲身去看一眼来得真切。这些细节的背后,起作用的是一以贯之的企业文化。"强价值"的企业文化,一定又是企业领导人战略理念的体现。

在海尔的互联网战略中,鼓励员工自己掏钱注册小微公司。海尔电子商务板块业务中,海尔在天猫的旗舰店(haier.tmall.com)既是海尔电商天猫经营体,又是员工注册的一家独立公司。海尔内部常称这个经营体为"天猫小微"(见图10-3)。

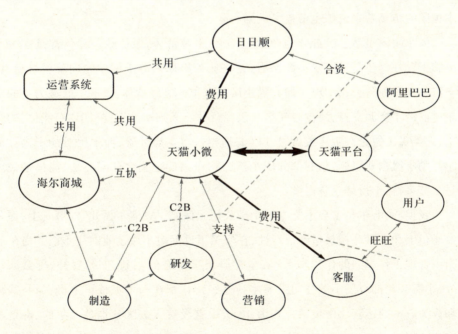

图 10-3 海尔小微创业公司示意①

天猫小微是海尔一个试点小微创业公司,也是海尔小微创业机制中比较成功

---

① 此图仅为海尔小微自助经营体在海尔互联网战略生态中的示意,实际的生态交互远复杂于此。

的一家。天猫小微的总经理,也是海尔电商天猫经营体的体长。天猫小微的业务有点像网店托管商,员工与这家小微公司签订劳资协议,工资、考核、奖励都由小微公司自主,但工作中小微员工与海尔其他员工完全一样,不会有人或部门在日常事务中主动去区分谁是海尔的、谁是小微的。天猫小微与其他海尔经营体有大量的连接协作,例如与海尔商城有网络流量营销活动方面的互助,与日日顺物流体系是上下游关系,也会有费用结算。天猫小微与其他线上、线下经营体共享海尔客户资源,共用运营系统。与其他渠道运营经营体一样,天猫小微也会充当研发制造与用户之前的重要交互途径,用户的产品意见会最快地递送给研发制造。天猫小微与海尔客服中心也是上下游关系,客服经营体承担电话和阿里旺旺的座席服务,天猫小微会对客服经营体进行业务培训,也会有业务费用结算。另外,海尔集团的市场营销资源也覆盖了天猫小微。

　　海尔集团虽然已经拆分为2000多个自主经营体,但这些经营体都是在一个品牌下存在。还是以天猫小微来看,这块业务早期来源于海尔的网单项目组,属于海尔电子商务公司。现在的天猫小微是海尔一级经营体,以海尔商城为主的海尔电商给予资源支持,海尔电商是二级经营体。天猫小微需要很多"专业化"的员工,这类员工做过淘宝店或做过TP(淘拍档),有实操经验,而学历可能不高。海尔鼓励小微创业机制,超利部分由小微公司自己确定奖金分配办法,简单来说就是多劳多得、干得好就拿得多。

　　我担心,海尔员工会不会觉得小微公司无保障,是"海尔孤儿"?事实上,海尔在册员工和小微公司员工都很理性,在册员工反而对小微创业向往不已。海尔的组织管理工作起到的作用很大,海尔在册员工享有的福利,例如餐补、工会活动等,小微公司都有。小微公司跟海尔其他经营体都在一个大楼里上班,与利共体和攸关方一同运营协作项目。在海尔,压根就没有人去区分谁是海尔的、谁是小微的。用首席执行官张瑞敏的话来说,海尔的互联网战略就是要将在册员工转变为在线员工。海尔在2013年年初有8.6万名在册员工,年底时降为7万出头,转出去1.6万名。而这一年,海尔新建了三个工业园,兼并了两家外国企业。转出去的人不是被裁员了,而是变为海尔的小微公司员工。

海尔的互联网战略

海尔是全球白色家电①第一品牌。2013 年,海尔集团全球营业额 1803 亿元,利润 108 亿元,利润增幅连续七年保持两倍于收入增幅。这一年海尔在全球 17 个国家拥有 7 万多名员工,海尔产品的用户遍及 100 多个国家。

在 29 年前,海尔是一家濒临倒闭的集体小厂。1984 年冬天,张瑞敏先生临危受命担任厂长,他从治理车间开始,逐步打造出了一个"世界的海尔"。经历过这一时代的中国人,大多对这一品牌有一种别样的自豪感。

从海尔集团官方网站上,能清晰地获知海尔发展 30 年中所经历的五个发展阶段,基本以七年为一个周期。

1984—1991 年是名牌战略,这个阶段海尔基本只做冰箱,不盲目提高产量,而是追求产品品质。这一时期,正值中国改革开放的第一波浪潮。

1991—1998 年是多元化战略,海尔兼并了国内 18 家企业,以"海尔文化激活休克鱼"理念来整合这些企业,对用户推出星级服务体系,进行多元化产品经营。这段时间正是邓小平南方讲话以后,国家鼓励企业兼并重组,是改革的第二波浪潮。

1998—2005 年是国际化战略,海尔走向国际,在美国等发达国家建厂立足。以"走出去、走进去、走上去"的思路优先在发达国家创立品牌。这一阶段也是海尔企业信息化稳固改造的时期,海尔的信息化成就了企业真正的钢筋铁骨。而这个时期,中国加入 WTO,但中国绝大多数企业在国际市场竞争中失利,国内不少制造企业沦为发达国家品牌的代工。值得一提的是,在珠三角地区,几

---

① 白色家电,指可以替代家务劳动的电器产品,如电冰箱、洗衣机、空调等。这是早期国外对家电业的一种分类,黑色家电指可提供娱乐的产品,像彩电、音响等。米色家电指电脑信息产品。后来又扩展出绿色家电,指节能环保、可回收的家电。在国内一般分白电、黑电、小家电三类,小家电一般功耗低、体积小,如豆浆机、加湿器、电吹风等。实际上,随着产品个性化发展,早期用颜色区分家电种类已不合适。进入移动互联网时代以后,随着人们对体验需求的提升和物联网的发展,"电器"逐步被能联网的"网器"取代,旧有的分界将更加模糊。

乎同时起步的不少当时知名企业,因改制和 MBO(管理层收购)失败而出现区域性沦陷。

2005—2012 年是全球化战略,海尔建立全球研发平台,在全球有八个综合研发中心。在张瑞敏先生的主导下,企业内部推行人单合一的共赢模式,创立海尔"倒三角"组织结构,倡导自主经营体,以用户为中心应对全球化的互联网经济。

从 2013 年开始,海尔进入网络化战略阶段,推出详尽的互联网战略思路,在组织内外打造海尔生态圈。以自组织、自演进方式,充分释放员工的互联网价值,新的创新文化和社会化生态策略成为海尔品牌的新标签。

张瑞敏先生探索出的人单合一模式和倒三角组织结构,正是构建海尔互联网战略的"底层代码"。人单合一的"单",指的是价值。每一位海尔员工不是为完成任务指标而工作,也不是完成领导安排的工作,而是为价值工作。海尔始终如一的发展理念就是以用户为中心,围绕用户创造价值。海尔员工要自己找出用户价值,找到了用户价值,就找到了自己的价值。

从理论角度看,人单合一基础上,不离左右的必然是自主经营体。员工或者少数员工组成的一个小组,要围绕用户思考产品和服务的价值,也要自己把握成本和收益。这样,一个员工或一个小组,就成了一个经营单位。这就构成了自主经营体。

海尔的"倒三角"组织结构,更是创造性地搭建出自主经营体生态,这种生态是有机的,而不是机械的。

传统的组织结构都是正三角形,尤其是工业化时代形成的公司组织都是金字塔形。基本的传统公司架构是由高层、中层、基层构成。一般情况下,基层的服务才面向产品用户。高层甚至中层,一般只承担决策和管理职责,中高层即使分出精力接触用户,也只是蜻蜓点水。一般的信息反馈路径是:用户传达到基层员工,基层传递给中层,中层决定不了的再汇报给高层;然后高层的决策分级传递到基层员工,最后反馈给用户。

事实上,不管是公司组织还是政府组织,在新时代都面临着同样的问题。

因为互联网将信息的传递加快了,而移动互联网不但使信息传递得更快,还使信息更加透明。用本书导论中的商业发展规律模型看,向外的张力是互联网产品技术带来的合力,阻碍和羁绊的向心力是传统组织结构代表的旧的治理习惯。时代的张力,正在迫使各种组织结构变得扁平化。不少商业学者发现,有些发展规模很大的传统企业不设置副总,由老总直接管理上百部门或产品线,这样扁平化的管理结构反而执行效率较高。但是任何企业组织都要发展,组织规模的扩大也是必然,老总越来越忙,以至于成为组织瓶颈。而老总如果放权,设置副总或助理,这又会使得组织金字塔迅速高耸,长审批链又成为组织执行力的瓶颈。从左右两个角度来看,传统的正三角组织结构将越来越不适应时代发展。

在海尔创造性的"倒三角"组织结构中,市场营销、产品研发、生产制造等传统的基层变为一级经营体,有决策权、用人权,也有成本控制的义务和分享利润的权利。他们围绕用户价值做事情,充分地发挥出自主和敏捷的特点(见图10-4)。

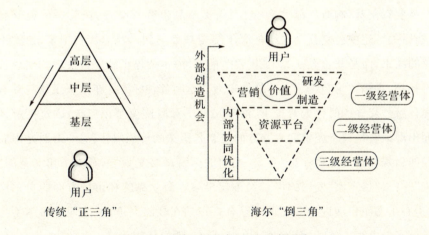

图 10-4　海尔"倒三角"组织结构示意

一级经营体之下的二级经营体由原先的中层组成,但经过了大幅精简。二级经营体不再承担传统组织上传下达的职能,而是作为一个资源平台,为一级经营体提供支持服务。原先的高层成为三级经营体。三级经营体的职责有两个,一个是海尔组织内部的业务协同优化,另一个是在海尔外部创造价值机会。

人单合一、自主经营体、倒三角组织结构,是海尔互联网战略的根基。海尔的企业组织结构已经不再是条块状的串联系统,而是变成了网络化的并联。每一个自主经营体要在海尔内部与其他自主经营体达成利益共同体,自主经营体还与外部的供应链、分销体系进行利益合作,最重要的是自主经营体围绕用户快速服务。海尔公司不单是世界的海尔,并且已经逐渐迈进到时代的海尔。

如果说人单合一与倒三角组织结构是海尔互联网战略的底层代码,自主经营体和"超利分享"机制就是海尔新战略转型的动力引擎。海尔对员工互联网价值的判定有一个超利分享表,这个表不是单一维度的,而是二维的。

一个维度是市场竞争力,包括利润、收入等,员工或自主经营体都有这一维度的损益计算,与员工绩效挂钩。这一维度的绩效计算与一般传统企业相似,员工产品做得好、卖得好,员工的提成收入就高。

另一个维度是生态圈自演进,这个维度是检验员工或自主经营体是否具有互联网时代性。简单看,这一维度的一个基础指标就是与用户(或顾客)的交互。研发产品要有交互,制造产品要有交互,售卖产品也要有交互,送装一体更要有交互,售后关怀还要有交互。这就是海尔要用户参与到产品全流程中来,售卖不是生意的结束,而是开始。在2014年春节前夕,海尔要停止硬广告投放的消息传得沸沸扬扬,媒体评论"专家"立马跳出来为其炮制各种标签。在传统媒体与互联网新媒体激烈交锋的时代大背景下,海尔又处于互联网变革第二年,因过度解读消息而出现风波是符合逻辑的。一方面是紧张落寞的传统媒体,另一方面是雨后春笋般的新媒体。而媒体评论"专家"发出的声音却多是误导,跟本书第9章的"伪达人"一样,"伪专家"发出的声音经不起推敲。海尔品牌和市场方面的自主经营体,也有生态圈自演进维度要求。只有真正站在战略高度,才能理解海尔不会一下子就不做电视广告了,而是通过电视、纸媒、新媒体等传播平台(或工具)实现与用户的复合互动。

在市场竞争力和生态圈自演进两个维度上的牵引力量,就是"超利分享"。超利分享机制有点像美国经济危机后大受欢迎的业主有限合伙制（MLP）①。

超利分享机制，也有点像平衡计分卡的战略方法。但平衡计分卡仍旧是一维的，平衡计分卡多聚焦在市场竞争力，是传统企业战略实施的有效工具。

分析海尔的"超利分享"机制，市场竞争力是横轴，做得好就走得远；而生态圈自演进则是纵轴，能力强才能飞得高。

本书限于篇幅，只能描述海尔互联网转型的一角。事实上，海尔的互联网战略有着太过丰富的内容。

未来企业的互联网化，是每个传统企业都要应对的课题，比较急迫的是这一挑战留给传统企业的时间已经不多了。有很多的传统企业在做互联网转型的尝试，但海尔的互联网转型声音最大、最受关注。

与本书其他章节的结构特点一样，让我们拂去表面的热闹，尝试挖掘一下海尔的互联网化为什么会受到这么大的瞩目。可能至少有三个方面的思考：

第一，地域特点。青岛是中国的品牌之都，除海尔外，青岛啤酒、海信等品牌在国内外都颇具知名度。如果说湖南是"南方的北方人"，山东青岛倒是有些像"北方的南方人"。姜尚封齐后，山东地原东夷人迁移融合，逐渐形成了重商的齐文化，管仲为相时更是将齐经营为商业大国。这些传统传承到今天，也是青岛地域经济实力的主要文化成因。灵活又务实，又有国际视角，人文优势难以小觑。海尔的理论研究能力强，团队贯彻力足够，最终又能体现在执行力上，务实精神非同一般。正如张瑞敏先生在与桑顿②的一次对话上说："我们是山东人，还是比较

---

① "业主有限合伙制"（MLP）融合了企业的有限责任制、合伙关系的税收优势以及私企的管理模式。只要公司收益每年转移给投资人，那么业主有限合伙公司就不必再缴纳公司税。此外，这类公司也不必过于注重股东权利。一大波资金正在流向这类公司。加在一起，它们仅代表美国上市公司的 9%；但是在 2012 年，这类公司在公开市场募集的资金却占据了公开募股总金额的 28%，而且还支付了华尔街股票交易手续费的三分之一。目前，美国新成立的公司中有三分之二采用了这种公司结构。某些行业把这种公司结构融入了原来的公司架构，比如液压天然气行业。美国资本主义的面貌在不知不觉中发生了改变。

② 约翰·桑顿（John Thornton），美国高盛集团前总裁兼 CEO。

务实的。"①

第二，追求利润的策略。海尔 2013 年的利润是 108 亿元，同比增长 20%，利润增幅连续七年保持两倍于收入增幅。海尔的策略在于偏重利润，重净利润增长而非销售规模。这非常符合互联网时代"取实而不取势"的观念，本书讲到的玛莎·斯图尔特、白沟区域经济体等，均有这一特点。

第三，始终在路上。海尔是个时代的企业，而不是互联网的企业。如果看不透时代变革的深刻含义，就很难从海尔战略转型经验中汲取营养。客观来说，青岛毕竟是二线城市，但海尔的员工却是最有成效的。这种成效就表现在执行力，而执行力正是海尔品牌光环背后的核心力。

但是，需要指明的是，海尔的互联网战略可作为参考，却同样不能复制。在互联网时代，任何一个商业体都具有不可复制性。就像日本人想在日本本土酿造茅台酒一样，根本做不到。海尔的互联网之路，也会充满各种不确定性。但不能等到将不确定性都搞明白了再动手，等到想清楚了，机会也就错过了。敏捷才是时代的生存之道。

互联网化之思考

商业脱口秀节目《冬吴相对论》有一期曾讲到，"法国的经济价值来自于他们保留了某种做农业的思想做工业"，"现在更多的人是用工业的思想去对待农业，不只是中国，工业革命以来人们就是用生产工业品的方法对待我们的食品"。其实不只是食品，在教育、医疗、环境保护等方面，我们都是在用工业化的思想来对待。由此引发了一系列问题，转基因担忧、食品安全、各种添加剂、教育医疗等行业的弊病，都是由工业化思想而来。

工业化思想本身没有错，它是一种科学，但滥用会引起灾难。

当我们进入信息时代，互联网的思想似乎是在改造工业和农业。但是否也会

---

① 胡泳、郝亚洲编：《张瑞敏思考实录》，机械工业出版社 2014 年版，第 177 页。

出现类似的"以工业思想对待农业"的问题呢？

从发展的格局上看，已经出现的各种"用互联网思维改造工业"会引起新的类似问题。最直接的表现就是产业空心化。而对互联网思维的滥用，已经不只会在产业上遇到麻烦，在互联网公司、甚至个人，都出现了一定的问题。

2008 年全球金融危机之前，美国的服务业（第三产业）占经济的 80%，这种结构性问题是产生金融危机的根源，进而引发了全球性的经济危机。次贷危机只是导火索。中国长期将房地产等基础投资作为支柱，也引发了各种问题，以党的十八届三中全会为标志的深化改革使全球都在关注。

互联网公司的问题在于过分媒体化，业务收入多倾向于广告或类广告，大多互联网公司无核心力，寿命为 3～5 年[①]。但已经有先知先觉的互联网公司开始了生态化策略，以此避免业务的空心化（见表 10-1）。

表10-1　各种空心化的表现

	表现	结果	举措
美国	服务业占 80%	金融危机	重塑制造业
中国	房地产成为支柱产业	各种问题	深化改革
互联网公司	媒体化	寿命 3～5 年	生态化
个人	碎片化	无壁垒	适应时代

个人在互联网思维下的表现是"碎片化"，丧失了深思考能力，导致无个人核心力，个人没有竞争壁垒，无论做什么工作都可以轻易被替换掉。

可能读到本书的大多数朋友，尤其是年轻朋友，很难接受这样的一个观点——用工业化的思想做互联网。其实，真正的互联网思想还没出来，而急躁的"互联网思维"却使产业、公司、个人都滑向空心化。

如果说"用工业化思想对待农业"会带来灾难，用肤浅的互联网思维对待工业也会引起灾难。"工业化思想对待农业"是对别人的灾难，"互联网思维对待工业"是对自己的灾难。"工业化的思想对待农业"带来了食品安全、环境污染等灾难性

---

① 　数据来源：2012 年摩根士丹利董事总经理季卫东 7 月 22 日在艾瑞高峰论坛上的讲话。

影响,是对别人和世界的灾难。而用"互联网思维对待工业",带来的灾难却是对自己,空心化带来的巨大风险积聚,一旦触发,全盘崩溃。

那么,传统企业的互联网焦虑又是从哪儿来的呢?

这些焦虑还真不是来自于面对面的竞争,而是媒体为新锐互联网公司鼓吹出的光环效应。偶尔被台风吹起来的几只猪,套上了神圣的光环,照花了正常人的眼。[1]

公元前256年,李冰父子修建的都江堰水利工程,"深淘滩,低作堰",泽被后世两千年。"深淘滩,低作堰"也是华为总裁任正非先生的企业运营准则。任正非曾说,"如果高筑堰了,就会把利润截留,上下游和客户的利润就会干枯,截留下的利润是死水一潭","低作堰,就是不依赖堤坝挡水,充分发挥自然的作用,自己留存的利润低一些,多一些让利给客户,以及善待上游供应商"。[2]

而早在2009年华为的一次颁奖大会上,任正非先生就提出了华为的流程变革,要将"流程变革倒着来,从下往上做,平台只是满足前线作战需要而设置,精简平台人员,减少行政部门,减轻协调量,做厚客户层面,以客户经理、解决方案专家、交付专家组成的'铁三角'作战单元,有效交付,及时回款"。这跟海尔倒三角组织结构的提法非常相似。任正非与张瑞敏思考并践行的,正是企业互联网化的大动作。

所以,企业互联网化的精髓是:组织去中心化,业务避免空心化。

奔腾电工的去中心化,在于管理干部和运营员工均比较年轻;联想复盘文化和员工的精干使他们面对互联网可以守正出奇;海尔互联网战略在于张瑞敏先生的远见和海尔战略文化团队的辅佐,以及海尔体系的执行力。有些传统企业是误打误撞走上了组织去中心化之路,没有陷入业务空心化的怪圈。

本书第6章所介绍的河北白沟,其特点恰恰在于他们从一开始就没改变的家庭作坊式集群生态,在逐步摆脱乱差形象后,开始具备弹性专业化的特点。而白沟地方政府在其中又起到了恰当的引导作用。

---

[1]　罗尔夫·多贝里:《清醒思考的艺术》,朱刘华译,中信出版社2013年版,第153页。

[2]　吴春波:《华为没有秘密:华为如何探索和坚守常识》,中信出版社2014年版,第278页。

一些高科技园区也具备了这种集群生态的特点。尤其是非政府行政化主导的产业园区,更易形成集群生态,例如中国与新加坡合作的苏州工业园,现在中新又合作在上海、重庆、天津建商务园。此外,民营企业主导建立的园区更易进行长远规划。通过调研发现,有不少民营园区已经展现出集群生态特点。在上海嘉定有个北虹桥电子商务园,原是钢贸城,由福建周宁人吴宏件先生牵头建设。就在上海钢贸业初现颓势的时候,钢贸城地产及时转型做电子商务园,以车联网应用、跨境电商、特色产品展馆为主要特色的智慧园区,在嘉定区政府的指导下进行全国招商。在上海钢贸业集体性崩塌的时候,他们将地产业务转型为电商企业集群,率先走出了危机。

曾有人讲,好的企业一定具有抗经济危机的能力。好的时代性企业,也一定得有抗经济危机的能力。没有经历过经济危机的企业不是成熟的企业。只有经历过风雨的企业,才有资格成为一家好企业。

第 11 章

勿在浮沙筑高台

"**勿**在浮沙筑高台"，原义是指只有打好根基，才能长远发展。这句话现在也多了一层新解。从时代层面看，快速变化成为各行业的特征。变化犹如流沙，大资本、大公司、大商业似乎就要失去时代的青睐。流沙之上，筑高台绝非明智，那何不搭一低棚？

当然，任何商业都不会超脱尘世，商业讲的是入世。商业必须追求现实价值，一定要有实的东西，才能赢得实的目标。踩不实的东西，必会成为将来坍塌的根源。

"产品—服务—用户"

本书导论中提出的"产品—服务—用户"模型，既是一个商业分析工具，又是一个商业方法论。本书讲到的这些自商业故事，皆是在三元素都形成后，商业闭环开始运转，开始快速成长迭代。

乐活良品的商品（产品）线索散布在世界各处，乐活族（用户）需要找到这些商品，乐活良品的商业（服务）将两者搭起来。乐活良品独家代理的"SIWA·纸和"（产品），最早时日本的社长并不想卖到中国。Jane搭建起来的乐活良品平台已经运营成熟（服务），在国内也有乐活族的需求（用户），剩下的问题就是说服社长，拿到总代授权。"产品"补足后，"产品—服务—用户"闭环就打通了。

玛莎·斯图尔特自己就是产品，她的家居技能、镜头感、个人品牌都是玛莎商业帝国的重要资产（产品）。渠道方面，有合作的出版媒体、电视媒体和广播网络媒体，有些媒体平台的所有权还是自主的，在这些平台上她开发了大量节目（服务）。美国"婴儿潮"一代，是玛莎·斯图尔特的主要用户。

河北白沟自古耕地稀少，加工业（产品）发达。其商业传统悠久，物流、市场跟得上，作坊间实现了自组织（服务）。他们的商品主要针对中低端市场，这一市场用户基数巨大（用户）。

做微杂志自媒体的二当家，在做过纸质书需求调研后发现有几万册的购买需求（用户）。微杂志的文章内容，经温瑶重新整理后成为书稿（产品）。二当家操盘自出版过程中，合作单位、粉丝互动、时点掌控都比较到位（服务），最后就把这事做成了。

互联网创业团队甚至大的互联网公司都会快速仿制流行的 APP 以开发出自己的同类产品（产品）。但这种模仿一般很难成功，原因无非有两个方面：一是自己的运营能力跟不上（服务），二是种种原因导致的用户"不配合"（用户）。服务和用户两个元素不到位，闭环转不起来，产品就憋在那儿了。

"产品—服务—用户"模型非常简单，却非常实用。自商业者在起步时，把这三个元素考虑清楚了，小商业模式就可以转起来。转起来后，还需要时时按这三个元素闭环思考，把握三元素的变化。大企业做互联网转型时，要实现自组织，也得思考"拆解"后的各个独立经营体是否有独立的"三元素"。如果有，就可以拆解为一个小独立体；如果不能，那其实质还是其他组织的依附。

"产品—服务—用户"模型可以成为时代性组织从上到下、从里到外、从小到大的工作方法论。我在自己的公司管理和项目实施中，就要求大家都用"产品—服务—用户"模型思考和执行，一开始是刻意地做，形成习惯后，就会受益颇丰。例如，我要求大家开会讨论的时候，每一次发言，都必须要有产品、服务、用户三方面东西。形成这种习惯后，大家发现会议效率出奇地高。

坚持这么做，公司的每个人就都成了"自商业体"，每一个人都可以独当一面。公司大小已经不是主要发展目标，而是具有了时代性的基因，这种基因可以快速复制。组织的变大变小，都是根据业务需要来，不会乱。用这个方法，也不需要刻意地培养组织文化。方法论执行的就是组织价值观。

这是我的管理秘诀。

CRM 之前世今生

商业原始的定义是以货币为中介进行商品流通的行业。每一个企业都会涉及商业,处理商品流通的业务部分,就是商业。后来,产品概念外延涵盖了服务业,例如理财、中介、营销等,都是服务产品。

在"产品—服务—用户"模型中,每个元素都很重要。服务居中,是商业流通之关键。服务一头挑着商品,一头担着客户。商品是商品管理,客户是客户关系。两头做好,服务成焉。

服务运营客户,就是运营管理客户关系。不妨先讲客户关系以及客户关系管理(CRM,Customer Relationship Management)。

CRM 现在之所以非常火爆,是因为其在传统商业销售过程中起到的作用太大。在没有电子商务的时代,CRM 做得很成功,软件公司以能提供 CRM 系统为荣。一般 CRM 产品会成为软件公司的重要利润引擎。但后来,CRM 被过度透支了,太容易模仿,简单一个客户列表都可以算作 CRM。接着出现了 CVM(客户价值管理)、CDM(客户数据管理)、CEM(客户体验管理)等概念,接着便是"劣币驱逐良币"。有了电子商务,特别是进入移动互联网以后,CRM 的概念更是被滥用,甚至好多人以为做微信就是 CRM,关于微信是否公开 CRM 功能也成了炒作的噱头。买套软件太容易,跟风追噱头更容易,它们都不能直接为商人带来价值。

很多人不知道,CRM 的起源是在于平衡销售员工与公司的矛盾。这一矛盾解决后,又带出了其他功能,其他功能成了 CRM 的明显特征,起源性特征反而隐藏了起来。但这并不意味着起源性矛盾不存在了,稍有疏忽就会给公司的业务发展造成无尽的麻烦。

早先的时候,销售员工(以下简称销售)跑客户卖产品,在一家单位工作到退休,客户关系带不走。在现代企业普及后,销售员工辛苦起来,多劳多得,他们努力攻下一家又一家客户,私底下就会认为客户是自己的,而不是公司的。于是销售工作成了流动性最大的岗位。销售离开一家公司,还会将客户资源带入新东家。

销售的这种观念，在公司看来完全不能接受。销售接触客户的过程中，使用的是公司的资源、品牌、产品，于情于理客户都是公司的。但是，销售员工如果私下搞些动作，公司又奈何不了。这个就是矛盾的根源：销售认为客户是自己的，公司认为客户是公司的。

为平衡这一矛盾，早期的管理咨询专家便设计出相应制度，安排专门的人记录客户信息，销售要每天向这个人更新客户情况，包括客户基本情况、拜访记录、购买意向等等。这样就从机制上做到了将客户资源独立成公司资产。计算机技术进入商业管理以后，这个机制更容易做到，甚至可以自助做到——销售每天往电脑里录入更新信息就可以了。

信息和资源一旦聚集，就能做很多事情。将不同的信息来源做横向的对比、统计，就可以理出通用的科学管理办法。这些科学办法能够提高客户的签单率和续单率，公司产品就卖得好。

销售和公司间既有矛盾，又有统一。他们都希望产品卖得多，公司利润好，销售提成多。对客户资源信息的管理，就在矛盾和统一之间得到了平衡。CRM 由此诞生。

接下来，提高签单率、续单率、提供科学销售管理成了 CRM 的主要特征。但销售与公司间的矛盾还在。有些时候，甚至会表现得很极端。例如，销售找借口不往 CRM 系统中录入客户信息，或者录入虚假信息。

即使到现在，"大数据"概念已被炒得很火爆，似乎人做的事情都会在不知不觉中被各种机器或软件记录下来。然而，在机器与人的博弈中，输的总是机器。机器在明处，人在暗处，人总能找到机器规则的死角。著名经济学家汪丁丁教授就曾在博文中指出：大数据其实是一种忽悠，只是以往就有的数据技术现在被炒热了而已。[①] "大数据"只是另外的一个互联网"大力丸"。

CRM 本是个多面体，一般商业人从市场化的文字上只能看到光鲜的一面，却

---

① 参考汪丁丁教授 2014 年 2 月 2 日发表的博文《浅谈读书以及我的微信体验》，http://wang-dingding.blog.sohu.com/300749044.html。

看不到阴暗面。只有将矛盾平衡好了，商家购买的 CRM 工具才能发挥作用。有意思的是，真正精研 CRM、ERP、企业管理多年的专家，一般都不愿意讲这些。但商业人在不明了产生羁绊的向心力时，注定要被理想主义的张力牵引得不知滑向哪里，本书导论中的"商业发展必然规律"模型，就是在说这个道理。

新商业 CRM

如今的 CRM 已经发展为一种以客户关系管理为视角的企业运营战略，特别适用于客户导向型的公司。CRM 的作用，不再限于提升顾客下单率和续单率，而是扩展为三个目标收益，分别是价值收益、品牌收益、关系收益。价值收益，指的是客户为购买的商品或服务直接带来的现金收益。品牌收益，指的是客户主观上的无形评价和超出客观理解的价值倾向。关系收益，指的是一种超出商品本身价值的客户主客观评价。

三种收益长效性依次递增，其中关系收益的作用最好。客户觉得商家好，觉得从这家买东西靠谱，从内心里"爱上"了商家，那么不管商家卖什么，客户都会买。客户会有事没事地跟商家客服聊几句，也会常到店铺里逛一逛，不经意之间就会买些东西。很多基于 SNS、社交俱乐部或者微信拓展 CRM 能力的商家，期望获取的都是关系收益。

品牌收益与关系收益有所不同。通过品牌收益产生的二次购买，客户内心还是会嘀咕：又赚我钱了。而通过关系收益产生的二次购买，客户会很心甘情愿，他们将购物过程看成了一种休闲。

CRM 更多的是一套战略规范和公司流程制度，也包括一部分软件工具，但最有价值的部分却是公司员工头脑中的理念。CRM 能够被客户看到的仅为冰山一角。客户经常收到的短信、邮件、微信、面对面活动等市场营销手段，很容易被误认为就是 CRM。其实在这个露出水面的冰山一角下，还隐匿着巨大的运营体系。

从结构上看，CRM 主要有 4 个组成部分，分别是：营销、销售、服务、延伸。营销部分包括商品管理、市场活动、销售策略；销售部分包括线索商机管理、提单管理、绩效管理；服务部分包括财务核算、合同管理、客服支持；延伸部分包括数据分析、运营战略、整合协作等。

参照图 11-1，在传统 CRM 中，如果用图中的三角形来代表浮在海面上的冰山，露出水面的仅仅是比较热闹的市场活动部分，而隐藏在水面下的运营体系核心一定是"客户资料"。本书第 2 章中，"三年老母鸡"的妹妹记录微博顾客信息的小本子，就是 CRM 的核心。

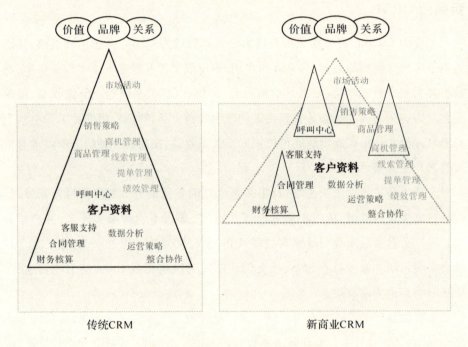

图 11-1　传统 CRM 与新商业 CRM

包括自商业在内的移动互联网新商业，最大的特点是开放性，这也是本书前文中"后福特主义"一节中提到的水平型企业组织。这种企业组织的特点是，好多的业务环节都会做外包协作。最精简的商业，就是客户资料是自己的，其他都由合作伙伴托管。传统的商业有封闭的公司边界。新商业的这条边界越来越模糊，即使能勉强将这条边界理出来，也会因业态的变化太快而又模糊了。

新商业 CRM 不再是一座独立的冰山，而是一堆小冰山。这些冰山有的突出水面多,凌厉又峭拔,但因水面下无积淀而更容易融化消弭,例如营销类的平台或工具,包括微信、微博、SNS 营销工具等;有的冰山甚至完全不会浮出水面,但大家都知道这才是有实力、真正靠谱的业务凭借,例如网络、物流、金融等骨干基础服务;还有的冰山是不能外包或购买的,只能自己默默沉淀打造,例如运营策略和自身的整合协作。

特别需要说明的是,新商业一定要区分"客户"和"用户"。用户一般指真正的商品消费者;客户是商业顾客,是商品购买者。有时候,用户与客户是同一个人,很多时候会是不同的人,例如礼品、体验性商品。

现在再来看"产品—服务—用户"模型。"后福特主义"讲到消费者主权论,移动互联网新商业和电子商务又推出 C2B 模式,这都要求以客户为中心。CRM(客户关系管理)确实是时代商业的核心,"不懂 CRM 的商铺迟早会关门"的讲法虽耸人听闻,却有一定道理。

时代商业人不是要做 CRM,而是要做好"产品—服务—用户"中的"服务—用户"两元素环节。除了本书讲到的商业故事和案例,但凡真正成功的商业现象,尤其是营销现象,都是"服务—用户"两元素环节做得好。

商品管理

还是依据"产品—服务—用户"模型,现在来看"产品"。准确地说,是"产品—服务"两元素环节。很多时候,商业上将这部分两元素环节称为"商品"。

如果商业公司是兼顾生产的企业,那么生产出来还没卖掉的东西是"产品"。只有"产品"以一定价格卖给客户时,才能称为"商品"。

有的商业人不自己生产产品,而是由供应链渠道供货。这些货被生产出来时是"产品",批发来后就是供应商的"商品"。商业公司对货物进行包装贴牌,就成了他们自己的"产品",只有包装好并明码标价后才算是"商品"。

还有的商业人从事服务业,例如软件服务、媒体服务、脱口秀艺人表演、畅销书写作等。刚开发出来的软件是"产品",只有能交易时才称为"商品"。服务业中,商业公司员工的各种专业技能加上使用的软硬件工具,就构成了这家商业公司安身立命的"产品"。当这些服务产品与客户开始打交道后,就称为"服务商品"。

商业商品管理分为产品、商品、标价、折扣价四块管理组成部分,每一部分都带有一堆商品业务数据的表格(Excel 或数据库),见图 11-2。

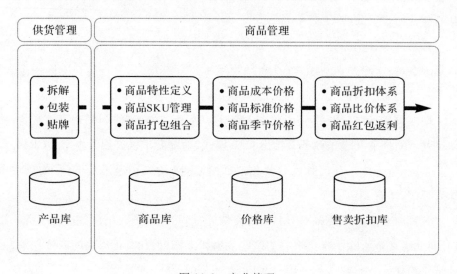

图 11-2　商业管理

- 产品

从供应渠道拿货,需要有进货渠道的管理。这时应该区分每条供应链的货物清单,进的货通过包装贴牌,变成可以售卖的商品。如果是电商服务,提供的专业技能就是产品,这些专业技能也存在组合包装的商品化过程。

- 商品

可以售卖的商品应该有明确的特性定义,也包括功能介绍的说明书和包装文案。与此同时,要进行库存和 SKU 管理。少不了要控制"哪种商品都有哪些可售卖的型号","哪些型号又是市场当前的需求热点"。如果是临近的商品类目,还可以搭配出商品组合包。

- 标价

首先要确定商品的成本价,很多电商企业运营利润特别低,就是因为搞不清楚成本。基本的成本构成包括产品进货费用、包装费用、库管费用、运输交付费用以及其他人工费用。在成本基础上,再根据市场行情和其他因素确定商品的标准价。如果是电商平台,标准价就是"广告刊例价";如果是奢侈品商家,标准价就是"专柜价"。除了个别限定购买区域的商品,电子商务售卖的商品很少做不同区域不同价格,但一般的商品都会按照季节的不同制定不同的定价。

- 折扣价

商品标准价主要用来传递价格信息,并作为财务记账的重要依据。最后将商品卖给客户时,一般都会有一定的折扣。折扣价的管理和设定最考验电商从业者的运营能力,应该有一个商品折扣体系,为不同的销售渠道(例如,天猫旗舰店、自有 B2C 网站、实体店)制定不同的售卖折扣。这个折扣体系可以是不同等级的销售人员售卖折扣不同,还可以不同旺旺客服 ID 的售卖折扣也不同。很多淘宝网 C 店实际上已经在这么做了,一般客服小妹决定不了的价格优惠幅度,就只能征求店长或老板的意见。这其实就是不同的销售级别行使不同的折扣授权。

商品折扣价的设定,还要有市场比价功能才完备。应时刻关注同行的同类商品售卖价格,有波动及时反馈到自家的商品售价,这样才能赢得市场竞争力。另外,商品的红包返利,甚至是不同客户会员等级给予不同的优惠,这也是制定商品售卖折扣要考虑的内容。

从行业媒体报道上看,不少文章在讲电子商务售卖的商品,但绝大多数电商企业缺乏的却是成熟完备的商品管理能力。一清二楚并使运营者可以放心依靠的商品管理,才能成为靠谱的客户运营依赖。虽然此处都以实物商品为例来描述,软件产品和服务产品也遵循同样的道理。

财务核算

财务是个大概念。任何一所大学或商学院,MBA 的课程编制中必有财务这门课。一般的商业人都会认为财务是专业性极强的业务,交由专门的财务会计做就可以了。更糟糕的是,专门的商学院财务课程中上来就是净现值(Net Present Value,NPV)、成本效益分析(Cost Benefit Analysis,CBA)那些东西,一下子就把人唬住了。很多去过商学院进修的企业负责人,从此不再碰财务细节,有的连财务报表都不愿看。这种割裂,必然会形成商业各业务组成部分的鸿沟。很多商业做砸了,皆由此看不见的鸿沟造成。

　　财务和运营存在天然的矛盾。财务要精准做账,运营要灵活买卖,这是一对合理的矛盾。一旦统一了,要么死水一潭,要么败个精光。因而,在任何公司,如果 CFO(Chief Finance Officer,首席财务官)兼着部分运营的职责,那必是灾难。相反的情况反而不会存在。因为财务人员都有严格的职业规范,有些还会诉诸法律,他们丝毫不敢拿自己的职业生涯开玩笑,任何一家公司的老板如果敢在财务上乱来,财务人员肯定先跑光了。

　　安然公司倒闭后美国颁布的《萨班斯法案》,尤其是最严厉的 404 条款执行成本非常"昂贵"。该条款要求在美上市公司都要将公司任何一个岗位的职务、职责描述得一目了然。实际上,404 条款一出台就备受争议,不少公司以退市表示不满,据统计,1999 年美国股市退市公司仅 30 家,2004 年则多达 135 家。[①] 为达到该条款要求,上市公司要保证在对交易进行财务记录的每一个环节都有相应的内控制度。此规定传统企业实施起来都很艰难,对讲求灵活多变的互联网公司来说更是"Mission Impossible"(不可能的任务)。但有意思的是,在过去的十年里,中国互联网公司在美上市的可不少。不讲 VIE[②] 那些技术方式,单从内控与财务方面就值得玩味。2004 年,中国经济赶上"国退民进"的时候,郎咸平教授指责任何

---

　　① 洪其华、吴慧:《404 条款备受争议 萨班斯法案修改 30 日内见分晓》,《第一财经日报》2006 年12 月 8 日。

　　② VIE(Variable Interest Entities),可变利益实体,指企业所拥有的实际或潜在的经济来源,但是企业本身对此利益实体并无完全的控制权,此利益实体系指合法经营的公司、企业或投资。因中国法律对互联网、电子商务限制外商投资,VIE 是中国互联网公司赴美 IPO 的主要方式,在开曼、维京群岛成立离岸公司,离岸公司投资国内公司,再通过系列控制协议,最终实现外国投资者间接投资原本被限制或禁止的领域。

一家国企改革都是非法的,进而掀起了巨大的声浪,所谓"非法"是因为压根就没有国企改革的施规条例。[①] 若再有郎咸平这样的猛人,抓住个别条款去质疑上市的互联网公司,结果难以预料。商业财务绝非小事,商业运营与财务更是一项精深的管理艺术。

本书不能详尽地描述商业运营财务,仅涉及商业人必须把握的财务核算。公司不在大小,哪怕是几个人的自商业团队,也得把基本的财务核算,尤其是收入财务核算搞明白。核算不清,往后的运营过程就会麻烦重重。

核算的第一步,就是把收支的钱跟账本上记录对清楚。对不清楚,也得找到原因,是丢了,还是多收了没记录。进一步的核算得做两件事,一件是"分摊",另一件是"消耗"。

打比方来讲,顾客去集贸市场买水果。有的会买兜苹果就走,有的会买几个苹果,再买几个梨。

如果苹果是一块一斤,梨是五毛一斤,水果摊的老板得给人家算清楚了。买一兜苹果的,给人家按一块一斤。既买苹果又买梨的,可以给点小优惠或者抹个零头,但也不会差别太大。不能苹果卖给一个顾客一块一斤,卖给另外一个顾客三分钱一斤,也不能突然苹果卖一百元一斤。

商业公司的收入要搞清楚,很重要的一个操作就是"分摊"。把一次购买收入的金额分摊到客户购买的具体产品上。这一笔买卖,苹果卖出三斤,每斤平均九毛,梨卖出两斤,每斤四毛。这些都得分摊清楚。产品分摊弄清楚了,日后才能有依据评估产品的真实买卖情况。

再打个比方,消费者花了 1000 元去 4S 店办了张汽车维修服务卡,有效期为一年。这个卡相当于 4S 店的储值卡,实际可消费价值 2000 元的产品。若每次洗车标价 50 元,保养标价 500 元,那每次在 4S 店消费记录就是"消耗"。这个消耗数字也是从账目上算出来的,比如有一次是保养＋洗车,那消耗就是:保养 250 元,洗车 25 元。这才是实际账的消耗。这个也得算清楚,不但日后评估有用,消

---

① 吴晓波:《激荡三十年》(下),中信出版社 2008 年版,第 268 页。

费者要退卡时,也有依据。收到消费者的钱,只能算作收款,不能算作收入。

进一步来看,分摊必然要用到上文曾提到的一项重要数据——刊例价。

还是举例说明。卖 A、B、C 三个产品给客户甲收 10 块钱,卖给客户乙收 8 块钱,这是正常的业务策略。这两笔钱往 A、B、C 三个产品上分摊的时候,就需要一个基准,这个基准就是刊例价。

例如,A 的刊例价是 5 块,B 的刊例价是 3 块,C 的刊例价是 2 块。那么销售卖给客户甲的 A 产品 5 块,B 产品 3 块,C 产品 2 块。而卖给客户乙的是 A 产品 4 块($8 \times 5/(5+3+2)=4$),B 产品 2 块 4($8 \times 3/(5+3+2)=2.4$),C 产品 1 块 6($8 \times 2/(5+3+2)=1.6$)。

这就是刊例价分摊公式:

$$\text{产品 A 分摊价} = \text{合同价} \times \frac{\text{产品 A 刊例价}}{\text{产品 A 刊例价} + \text{产品 B 刊例价} + \text{产品 C 刊例价}}$$

事实上,在任何一个商业公司,遇到的产品售卖情况都比这些例子要更复杂。无论公司大小,商业人都得把这些基本的财务核算搞明白。这还不是财务人员的专业业务,目的只是便于做出运营决策。

持盈保泰

本书曾提到的王森,开了 16 间小小咖啡馆。他在开店上,完全是逆向的思考。例如他选的店都很小,大约 50～100 平方米,租金也不高,每月几千元。他在确定店面租金上限上,有这样的一个公式:

$$\text{租金} \leqslant \text{当地咖啡平均价格} \times 5 \times 30 \text{ 天}$$

比如当地咖啡平均价格为 20 元,那么租金上限就是 $20 \times 5 \times 30 = 3000$ 元。这可不是什么高深的经济学,意思很简单,就是如果你平时一般每天平均喝两杯咖啡,那么就算你的咖啡馆一天都不开张,也就只是当自己这一天多喝了 3 杯咖啡。①

这种计算方式,在一些商业咨询专家看起来非常无厘头。但如果我们回到商业的太古时代看看,就不会觉得荒唐。古人类通过狩猎、种植获得生存资料,当这些生存资料有所富余的时候,就会拿来与人交换。如果自己还不够吃的,那就先顾自己的生存。如果我们要思考商业,特别是筹备创业,那就得先回归商业的本源看一看。

如果说成功的商业是持盈保泰②,似乎不应等到商业做大了再去谨慎考虑,而是从一开始就应考虑盈利。商业不在于大小,都有些共性的东西。商业也不在于形式,外观形式多变,成功商业的魂儿不会变。

这就跟电视娱乐节目一样,现在成功的电视娱乐节目都是选秀模式。可以把他们称为"海选+过关+导师"模式,《职来职往》《非诚勿扰》《中国好声音》等知名节目,都是走这个模式。无非有的是选手、有的是歌手,有的是求职者;有的是灭灯、有的是转身、有的是晋级;有的是导师、有的是雇主、有的是女嘉宾。抽去浮在表面的东西,骨架都一样。

再比如 SNS 社交软件或流行的互联网产品,也是一样,它们最底层的"原始代码"还是论坛 BBS 那一套。

讲这些的目的,仅仅是类比说明。商业欲成功,必定得找到商业的根基,根基的东西从来不会变,变了就不是商业了。新时代的浮沙铺天盖地,时刻诱惑着商业人的眼球,看似烈火烹油、鲜花着锦也能做成自己的事业,实乃不然。

务实的商业人都会牢记一个常识:不在浮沙筑高楼。

① 王森:《就想开间小小咖啡馆》,中信出版社 2012 年版,第 102 页。
② 盈:盛满;泰:平安。出自《诗经·大雅·凫鹥》小序:"太平之君子,能持盈守成。"旧指在富贵极盛的时候要小心谨慎,避免灾祸,以保持住原来的地位。

第 12 章

该出手时必出手

诺贝尔奖获得者、普林斯顿大学教授丹尼尔·卡尼曼的《思考,快与慢》一书整本都在讲两个系统:系统1是无意识快速的,可以理解为直觉;系统2是必须费脑子的、注意力非常集中的活动,例如复杂运算等,是高度多样化的深思熟虑。系统1是快思考,系统2是慢思考。单纯依赖某一种系统,都会出错。好的方式是保持系统2的能力,养成系统1的习惯,但应有警惕,感觉到系统1可能出错时,及时切换到系统2。① 卡尼曼也指出,这种复合方式不可能绝对不出错。所以要做决策时,找比较放松的观察者出出主意,有利于做出正确决策。

这其实是我们今天使用互联网的人都会遇到的问题。互联网带来的碎片化,已经自然地将人的思考推向了系统1,能有系统2的思考是种奢侈。

然而,商业不是娱乐,更不是组织小伙伴们热火朝天地闹一把。商业跟新时代的营销,都需要靠谱的做法。融会贯通后,会发现营销的机会无时不在。那么,该出手时必出手。

从最简单开始

在浩如烟海的商业著作中,不乏真知灼见,也有很多的商业模型。很多商业研究者还整理出了大而全的商业模式,从战略预算、产品开发、销售管理,到人力资源、企业文化。有的还从企业定位开始讲创业,这样的国内外著述有好多本。但这样做的商业成本太高了,没有几年 MBA 的修炼似乎就玩不了商业。

---

① 丹尼尔·卡尼曼:《思考,快与慢》,胡晓姣、李爱民、何梦莹译,中信出版社 2012 年版,第 385 页。

首先要说明的是,在已有的商业著作中,都富含了知识和智慧。阅读每一本商业书籍,都能获得很多新的认知。并且,将商业研究的书和文章作用到适配的企业,能够获得企业价值和社会整体价值。

但是,我们也绝不能否认,不是每一位商业人都有足够的精力去研读、实践那些"豪华配置"的商业模型。越是在繁荣的商业文化环境中,越难以找到最适合自己的东西。这跟我们的时代潮流取向很类似,在奢华泛滥的时候,人们就会倾心于简约。于是,德国出现了包豪斯风格的建筑和工业设计。日本出现了原研哉、深泽直人这样的现代设计大师,深泽直人更是在原研哉著作的《设计中的设计》一书中,撰写后记评论原研哉:"毋庸置疑,日式美学或者说达至巅峰的简约美学是他思想的基础"、"让某种目标解释或理解在观众头脑中产生,而无须有意规定其意义"。①

现代人都有足够的知识和认知,哪怕是中学生都已经有了与世界对话的心智。作为研究者,应凝练出最精简的价值传递给读者,而不是堆砌哗众取宠的东西来取悦读者。

在这个思路下,很多商业表象的东西都可以加以浓缩。要足够大胆,有足够的辨识力,去除科技背景、意识形态、外在约束等,持续浓缩到最后就是"产品—服务—用户"三元素。只要三个元素成熟了,一个自商业模型就转起来了(见图12-1)。

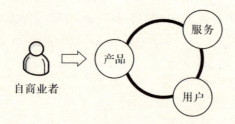

图 12-1　自商业最简模型

这个时候,再来看大的商业企业,包括一些已经存在多年的巨无霸公司,他们的业务特点是立体、多维,但基本构成也是产品、服务、用户三元素。展开后再重构的过程,无非是产品、服务、用户三元素向多维的逆转。

---

① 原研哉:《设计中的设计》,朱锷翻译,广西师范大学出版社2010年版,第445页。

　　读到这儿,可能朋友们会觉得这有点像科幻小说《三体》中的"智子"①。不得不承认,有点儿这个意思,但绝没有小说中那么神奇。实际上,在《三体》小说出版前,我就在项目实施和公司管理中用这个方法了。

　　"产品—服务—用户"模型的阐释能力足够大,公司业务的供应链、销售管理、渠道、营销等,都可以用这个模型来分析。例如,为用户提供服务的某一业务由其他商业公司提供,其他公司的产品服务是基于我公司的服务用户,一个生态链就这样形成了。

　　每一个小闭环是一个自商业体,大量的聚集形成了自商业集群(见图 12-2)。白沟区域经济体、海尔互联网战略,都是指向了这种集群。

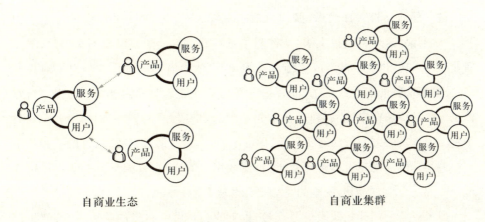

自商业生态　　　　　　　　　　　　　自商业集群

图 12-2　自商业生态与集群

　　具体的分析思考留给读者朋友,可以拿自己周边的商业组织和现象来试着进行解构。在分析过程中,理清三元素中所涉及角色的利益诉求,就能清楚哪些东西是无关紧要的,哪些是立足的基础,应该抓得更紧。

　　通过做这种分析,不停地解构再重构,"产品—服务—用户"模型就成为商业

---

① 在刘慈欣的小说中《三体》,为了锁死人类文明的发展,三体文明向地球发射了两颗质子(智子)。智子是通过将一个多维质子展开成二维,然后在上面蚀刻电路成为超级计算机,然后再把二维质子逆转成多维,从而使其具有智慧的质子,主要目的是使人类文明无法向更高级进展,同时误导科技发展。

思考的基础本能。渐渐地会发现,卡尼曼讲的系统1、系统2在商业思考上能够灵活切换了。思考快与慢都不重要,重要的是能做到大多数决策是正确的。

选择阵地,经营阵地

"产品—服务—用户"模型中,不管是"服务—用户"的通路,还是"用户—产品"的回路,都少不了用户接触的方式方法。传统的"服务—用户"搞成了信息不对称的营销,"用户—产品"的回路很难接上,很多商品公司或制造企业顶多有一个客服电话,一般用户懒得打,打了也未必能解决问题。

进入移动互联网时代后,微博、微信、豆瓣、人人等 SNS 平台似乎一下子把"用户—产品"这个回路接上了,从逻辑上看也确实接上了。但最不幸的是,很多商业圈内人将 SNS 平台当成了纯营销的地方,依旧沿用旧时代的信息不对称方式,去搞新奇特的轰炸式营销,或者花钱找大 V、关键意见领袖(KOL)转发。自媒体也仅仅是传递商家商品信息,基本起不到"诚信质押"的背书作用。后来,SNS 平台上轰炸式的野蛮做法有了升级,出现了内容营销,通过讲故事、讲段子留住用户的关注。但从逻辑上拆解开看,这种留住用户的方式,只相当于占领了一块阵地。攻占一个地方容易,困难的是如何经营这个地方。

很多商业公司开始做微信公众号,也有的公司做了自己的手机 APP,但是却没有足够的人力和机制去完善"用户—产品"这一段通路,结果肯定会走进死胡同。

商业人在拥抱互联网的时候,一定要先将"用户—产品"的通路考虑清楚。然后才是选择一个或多个适合的 SNS 平台,或者自己搭建 APP,甚至完全通过线下的沙龙、聚会、会展、讲座、公开课等方式,都可以。每个商业企业,根据自身情况选择好与用户接触的阵地很重要。

有位做外贸电子商务的朋友 Grace(化名),她已是两位孩子的妈妈。Grace 一家在深圳已经做了很多年外贸生意,但多是加工单子。她一直想找做品牌的思路,而贸易商想转型为国际品牌特别难。为了避免投入风险,她想借助互联网平台先摸索模式。微信兴起后,她天天泡在各种电商微信群里看大家聊什么,渐渐有了思路。有一次她找我咨询,准备在亚马逊(amazon.com)和社交网站上起步。在亚马逊上做没什么大问题,只需有外语专业的员工将评论维护好,再引流即可。问题在于,她的商品在国外的社交网站要怎么做呢?文化差异太大了。Grace 告诉我她不想去 Facebook 做,而是从 Pintertest(pinterest.com,视觉社交网站)开始。Pintertest 最早是摄影发烧友聚集的地方,偏重图片展示。很多摄影师把自己的作品放上去,女性比较偏爱这种唯美的视觉效果,因此评论热烈,这也比较适合她的产品定位。此外,她还尝试在 Youtube 上传拍好的商品短片。国外的 Line 没有像国内的微信那样火,Facebook 也跟微博一样杂而乱。但 Grace 却能够找到适合的阵地,连文化差异的障碍都避免了。在展现给老外的商品信息和视频中文字信息很少,感兴趣的外国朋友会进一步询问。后来,我观察到国内很多优秀的社会化电商也有这个特点:极少使用文字。用大段大段的文字进行营销,应该是移动互联网商业中最应避免的。

正确的营销

互联网营销的方法越来越多,在读者朋友们出手实践各种方法的时候,可以留意以下三个方面。

第一,内容与产品不能脱节。自从社会化营销的概念被媒体炮制出来后,不少商家都开始维护自己的微博和微信公众号。有的不计成本,天天推送一堆行业信息;有的请美工专门设计版式,将内容搞得很漂亮。这其实是一个误区,那就是内容跟产品严重脱节。受众接收到那些东西后可能会看一看,但看过之后并不会购买。不带来购买的营销都是失败的,这跟形式是否漂亮没关系。

有人认为这种营销至少能传递品牌影响力,传递价值观理念,这个讲法没有错,但没有实效性。每个人每天面对五光十色的新奇信息时,品牌和价值观的成本其实被无限抬高了。硬生生地造出一个品牌价值观将是极度奢侈的行为,没有巨大的资本后盾,很难做成盗火的普罗米修斯(普罗米修斯在西方文学中是伟大的殉难者,此处意指不赚钱也能受人敬仰的品牌价值观)。商业就是商业,本质是将产品(或服务)提供给用户。把自己搞成不伦不类的媒体,风险太大。还是用围棋中的概念,互联网时代的商业应"取实"("取地"),而不是"取势"。

第二,取巧前先掂量一下。在各种社交网站上有很多取巧的人和事,有的是段子,有的是自黑,有的是情色,有的是巧妙地利用各种花边八卦。这些方式会有作用,但也有副作用。因为在展现这些内容的时候,也同时把商家的另一面暴露无遗,受众看到后会默默地为其加上各种标签。而一些特别取巧的商业现象,往往是热得快冷得也快,并没有实际的价值。

第三,不要定量,要定性。传统营销时代已过渡到数字营销时代,最大的便利就是数字营销的效果更容易统计。但是,这种数字所反映的效果却极其脆弱,很难构建出一个绝对无缝隙的营销效果分析模型。而基于数字统计的所谓"大数据"很可能成为又一个互联网"大力丸"。有比较温和的分析文章认为,"应避免大数据分析的'思维陷阱'",这种讲法相对理性。因为现代组织和营销过程都是复杂体,以数据刻度极致细分是没有意义的,正是"涌现"才构成了复杂体。在数字营销时代,不能只靠数字定量。很多时候依赖小规模试验,并大胆定性,才是正确的营销。

"粉丝"的由来

"粉丝"一词是英文 Fans 的谐音,英文-fan-这个词根是"虚幻"的意思。单词fanatic 意为"狂热信徒"、"入迷的"。最早将其翻译为"魔怔了"、"被鬼附身",更多地含有贬义。后来名词 fanatic 简称为 fans。

中国加入 WTO 以后,进口关税越来越低,许多新潮的电子设备,尤其是美国品牌的数码产品更容易进入中国。在英文 fans 传递到中国的初期,偶尔有人讲"我是×××牌子的扇子"。

而对影视明星,中国早期也仅有影迷、歌迷、追星族这样的称呼。基本上是伴随电影的出现而出现的。

疯狂的影迷总是能干出疯狂的事情。民国影星阮玲玉的自杀就曾引起很大的社会震动,很多喜爱她的观众也跟着自杀,仅在 1935 年 3 月 8 日这一天,上海就有 5 名少女自杀,留言大体都是"阮玲玉死了,我们活着还有什么意思?"①

待到 2003 年,香港艺人张国荣自杀离世,有不少粉丝也做出了出格的举动。改革开放以后,港台明星的影像作品渐渐传入内地,数十年精神缺失的国人,在媒体资讯并不发达的情况下,很容易将屏幕和杂志上的歌星当作了"精神亲人"。从阮玲玉到张国荣,相隔约 70 年,时移世易,已经有足够的影星占据观众的视线,太出格的举动已难出现。而十几年后的今天,信息资讯更加透明,疯狂追星的粉丝还有,但更少了。而人们的观念中,粉丝有了另外的别名,叫"脑残粉"。

2005 年《超级女声》时,粉丝这个词被用到了顶峰。不同的参赛选手有了不同称谓的粉丝团,如玉米、粉笔、凉粉、盒饭等。当时选出的优秀选手多有中性化特征,有媒体便分析,因为观看节目的多是女生,肯定在短信投票的时候会有性别倾向。于是过了两年,又出现了《快乐男声》。这个时候,职业粉丝出现了,做粉丝有了收入来源,他们被称作"职粉"。有的会去演唱会、飞机场举海报、喊名字、哭得稀里哗啦,还有的会在各种网站上为明星发帖子、炒人气。除了一部分大学生,更多的是由网络"水军"充当。有些高级职粉成了低中级职粉的组织者。虽然都不公开,但有些粉丝组织的规模和追捧能力已经与专业经纪公司相当。职业粉丝已经形成了不成文的地下市场。而这又造就了明星的"买粉"现象,即花钱买粉丝。明星本就虚幻,如果没有了追捧,那就过气了。到了这个时候,"粉丝"一词又有了新解,成了一个伪概念。

粉丝与商业

"粉丝"一词被用到商业上,是从中国人追捧凯文·凯利(Kevin Kelly,简称 KK)开始的。这位白胡子老爷爷,在他的《技术元素》一书的第二章,提出了"一千铁杆粉丝"的理论。大体意思是,艺术家、作曲家等只要拥有 1000 名铁杆支持者,

---

① 于继增:《一代影星阮玲玉遗书之谜》,《文史精华》2006 年第 5 期。

就可以通过销售作品而获得不错的收入。最早"一千铁杆粉丝"文章是 KK 以博文的形式发布,受到了很多人的转发热议。但到了中国之后,却很少有人去仔细阅读 KK"一千铁杆粉丝"的原文,更少有人去研读文章后半部分的"一些注意事项"。在这些注意事项里,指出了"适用于艺术家","并非所有艺术家都适合","直接接触粉丝","根据媒介不同,人数不一定是 1000 人"。[①]

大众太喜欢断章取义。这些特点,很快被一些别有用心的职业推手利用,直接嫁接到电子商务和互联网新商业上。还出现了不少耸人听闻的媒体文章,诸如"没有粉丝的商业都会死"这样的文字屡见不鲜,"没有粉丝的×××都会××"似乎成了一个特定句式,不出现就显得不够专业。

《失控》、《技术元素》这样的书籍中所讲的内容,有其逻辑价值和理论意义。然而有意义的东西往往会被我们滥用。当憨态可掬的白胡子老爷爷 KK 受邀频频光顾中国的时候,事实上起到了一定的推手作用,将愚蠢推向癫狂。

在本书即将完稿的时候,行业内外又出现了一批"互联网大力丸"。各种新鲜的词汇太过诱人,年轻的商业人易受到蛊惑而盲目追捧,时间精力因此而耗费。

这些推手们最大的伎俩,就是将"用户"与"粉丝"混淆。还是以"没有粉丝的商业都会死"这样的话来看,将"粉丝"两字替换为"用户",就成了"没有用户的商业会死"。"没有粉丝的×××都会××"这样的句式,其实都是"没有用户的×××都会××"的一个必要不充分条件,用一个"互联网大力丸"词汇替换,就可以造出引人瞩目的商业评论。

如果继续回到粉丝一词,现在还多了一层客套的意思。很多相熟的人,甚至业务合作伙伴,也互称粉丝。微信朋友圈也出现了一批"点赞党",只要是有点熟的人,尤其是行业名人,点赞党会每条消息都去点个赞,有的是礼节性的,有的则是谄媚、讨好。广播自媒体节目《冬吴相对论》中,吴伯凡先生就讲了一个微信朋友圈的段子:一般在微信上点赞的,都是商业上的乙方给甲方点赞,甲方随便发一个很无聊的信息,马上鲜花点赞就来了。

---

① 凯文·凯利:《技术元素》,张行舟等译,电子工业出版社 2012 年版,第 89 页。

　　很多商业人弄了公众号,学着培植圈子和粉丝,按照"一千铁杆粉丝"的理论,看上去挺像那么回事。但稍加辨析即能发现,关注者多是熟悉的那些人,高度同质化,每一个新锐的商业圈子都有那些人。用第 9 章"强关系,弱关系"一节的分析,他们本就是强关系,那种关注已经不是在做商业了,而只是一种客套。更麻烦的还在后面。按照邓巴定律,这种强关系圈子有一定的人数上限,达到上限后就发展不动了,早先进入圈子的会天然地排斥后进入的,这种天真的"永动机"根本就是不存在的神器。

　　在《非诚勿扰》、《我们约会吧》、《一站到底》、《非常了得》等热门娱乐节目里,电视观众常看到一些熟悉的面孔。那么几张熟悉的面孔反复出现,上了这个节目又上另一个节目,观众已是见惯不怪了。

　　在一些自媒体和商业公众号里,也出现了一批有点职业化的微信粉丝。这种粉丝很喜欢参加自媒体号或商家的推广活动,如点赞多少即抽奖等,这种人的目的就是获取推广奖品。查看过几个商家的推广活动,对比中奖名单即可发现,很多推广奖品都落入了几个固定的账号。商家想要的效果何在?

　　有的商家就是想要那种热闹劲儿,宁可花钱雇佣粉丝来排队,或者花钱请粉丝到发布会现场尖叫。这些雇佣粉丝就是中国人常说的"托儿"。最后蒙的是信息不对称的人,或者是投资方。这么搞的商家中,有的实力足够,产品还不是太差,会收到些效果。但绝大多数这么搞的,都是在玩火自焚。互联网将真相爆出后,总是一地鸡毛。新商业之乱象,可见一斑。

用户粉丝周期

　　粉丝跟商业的结合,在今天看来是一场闹剧。粉丝不仅成了个伪概念,也成了一个极其扭曲的词汇。

　　但是,一竿子打翻这个词,完全盖棺定论,也不合适。很多优秀的商家和商业人,还是有真正的用户粉丝,商家本分靠谱,用户粉丝理性客观。这是完全良性的"商家—粉丝"关系,姑且将他们命名为"用户粉丝",以示区别。

　　举例来说,有人到集市上买芝麻香油,总喜欢买一家的,因为这家质量好,不掺假,价格公道,诚信经营。可以说他就是这家香油店的用户粉丝,可能连他的儿孙都会一直买这家的香油。可是一旦发现有任何的短斤少两、以次充好,不管是什么原因,他都不会再去买了,而且他还会跟亲朋讲不要去那家买。

　　有位吸烟的朋友买烟总喜欢去很远的一家店。问其原因,他答道:那家店没有假烟,走私烟和罚没的烟他们都不进。如此舍近求远,说明他是这家店的用户粉丝,而不是某一品牌香烟的粉丝。

　　商业人需要掌握的操作性技巧有很多,但绝不是通过些哗众取宠的方法吸引自己都不知道是否有用的粉丝。商业人应从内心放弃自大,学会谦卑,给予用户粉丝真正的尊重。要真正地尊重粉丝,首先应把粉丝当人看,知道人的生老病死是人之常情。用户粉丝也是一样,也有一个基本的生命周期。用户从最早偶然接触到商家,如果成了商家粉丝,会有如热恋情侣一般将商家介绍给自己的朋友,当然,也可能会因各种问题而变得沉默或最终离开(见图12-3)。

　　商业人应首先认可用户粉丝的生命周期,然后才能思考如何留住粉丝。该出手时必出手,即为此意。

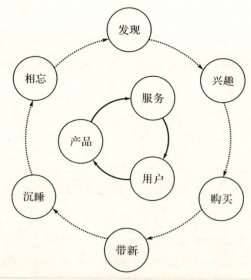

图 12-3　用户粉丝周期

由此可以将用户粉丝生命周期分为六个阶段。

第一阶段：发现。让用户粉丝注意到商家。最好的途径是由第四阶段的老用户口碑传播而来，这也是自商业的典型特点，下一节会有详述。

另外，商家要想闹出动静，可以在微信、微博等 SNS 平台上尝试一些方法，卖萌、做段子、大 V 转发等，都是方法。用线下的方式也可以，例如有些高端设计只能办奢侈品酒会；针对农村的市场，最好的方式是雇人去刷墙体广告。甚至是"饥饿营销"，也可以做。但需要再次提醒的是，商家的价值观一定要正面、健康；商家商品质量（或服务能力）一定要足够可靠。否则，线上线下传播的只是恶名。

第二阶段：兴趣。让用户粉丝对商家商品产生兴趣。这个时候，需要的是老用户的现身说法，不能讲商品，也不需要评价商家，而是请老用户讲自己的体验，让温情发挥作用。

第三阶段：购买。如图 12-3 所示，当用户粉丝开始购买商家产品（或服务）的时候，外圈就切换到了内圈。商家的支持要跟得上，不是说商家要巧舌如簧地游说用户，商家可以大方、诚恳地做生意，将产品递送给顾客，通过服务使产品对用户产生价值，然后细心留意用户反馈。面对各种用户反馈，以最快的速度给出回应。必要的时候，可以将用户粉丝进行分层，不同用户粉丝采取不同应对策略，但一定要诚恳。

第四阶段：带新。使粉丝用户真正自发地进行口碑传播，而不是再通过微信、微博搞段子来吸引转发。那些初级吸纳人气的技巧，仅能用在第一阶段。在这一阶段，需要商家有价值观的传递。推荐用 TED 演讲者斯内克①的"Why-How-What"黄金圈法则。该法则最内圈是 Why——为什么，中层圈是 How——怎么样，最外层圈是 What——是什么。有感染力的领导者和企业，会从内圈往外圈讲，而一般的销售人员只从外圈往内圈讲。成效的巨大不同便由此造成。只有将核心价值观传递给粉丝用户，他们才能做口碑传播。此外，一定要避免的愚蠢做法是介绍新用户给提成。

第五阶段：沉睡。如果监测到用户库中，一定时间内近一半的用户粉丝很久没有

① 西蒙·斯内克（Simon Sinek），美国作家，曾在 TED 中做题为"伟大的领导者如何激励人们采取行动"的演讲。

动静了,没有再购买,也没有交互,那一定要先反思自己出了什么问题。如果确实是商业上遇到了困难,最好的办法是对用户粉丝公开困难,请大家帮忙一块解决。

第六阶段:相忘。用户粉丝既会成长,也会变化。总有自己的商业与用户粉丝的诉求不再匹配的时候,当这种不匹配越来越严重时,就到了用户粉丝生命周期的最后阶段。比较合适的做法是,自己由员工或系统将用户粉丝的购买和交互信息做个温暖的报告,用人工的方式(手写信或当面递送)交付给用户粉丝。然后,不要再打扰他们,等待再一次生命周期的开始。

在用户粉丝生命周期的六个阶段中,能不用电脑的地方就尽量用人工。人工传递的灵气儿绝非机器能比。诚敬与发自内心的微笑,这些能量会传递给用户粉丝。讲到此处不得不提海底捞,海底捞是不考核利润的。在老板张勇看来,利润只是做事的结果,事做不好,利润不可能高;事做得好,利润一定会高。① 事做得好,员工快乐,员工真心地微笑,这种幸福感通过服务传递给顾客,必然带来生意的火爆。实际上,海底捞早就是一家互联网化的组织了。是不是一家互联网化企业,跟做不做互联网业务没有任何关系。

另外,需要特别说明的是,在用户粉丝服务上,一定要最高老板亲自示范。现代商业组织的最高老板,一定得做最好的客服。仍旧以乐活良品为例。乐活良品的用户会员中,前100名的老客户都有老板Jane的手机号,他们有问题都会直接找Jane咨询。Jane也会定期跟他们沟通。最大的老板都在维护客户,其他的员工更是义不容辞。所以会看到Jane很少在微博和微信朋友圈随意发东西。她在微信朋友圈里,不会出现情绪化的图文,更不会出现负能量的东西。她就是以斯内克"Why-How-What"黄金圈法则在传递价值。

我组织的商业研究分享活动中,常会拿乐活良品等几家的文案、网页等与商业家们分享。初期的时候,就发现有人回去照着样子做却怎么也出不了效果,有的做着做着就完全走形了。问题就在于,作为商业老板,自己得先端正一些东西,

① 黄铁鹰:《海底捞你学不会》,中信出版社2011年版,第146页。

否则做的所有事情都会拧巴着。

现在再来看,"没有粉丝的品牌都会消亡"这样的话是对的。社会整体从刚需经济时代迈进到体验经济时代,没有谁家的商品不可替代,但不与用户粉丝并肩而行,必会孤独终老。

其实,粉丝这个词,以前还有个名字,叫上帝。很多年前有一句话:顾客就是上帝。

既然是上帝,至少别去欺骗他。

自商业准则

现在再来说商业,很多人都能意识到,别人的经验已经难以复制了。而总结性的技巧,也不再具有长时效性。但一些基本的准则,却仍然可以作为参考。

自商业不是单独一个人做生意,是一种新商业物种,但也是移动互联网时代的企业战略。兼顾这些,有下述的四项准则。

第一准则:先有圈子,后有生意。

如果我们再回过头看"三年老母鸡"、乐活良品以及书中提到的其他案例,都是先形成了一定的圈子,这种圈子有商品的需求,才推着他们做出一个生意。"产品—服务—用户"中,很多是"用户"需求摆在那儿,因为圈子的信任,天然地减少甚至避免了"服务"沟通的成本,剩下的就是找到合适的"产品"。

需要注意的是,圈子不要有太高的维护成本,甚至应该没有成本。如果最大的成本花在维护圈子上,那么这种生意模式将是陈腐的,典型的是旧有的"商业贿赂"现象。

第二准则:用长处去战斗。

移动互联网时代社会分工的变化最大,也带来了商业碎片化。这已在倒逼商业领导人的主观意识,再没有任何一家商业体可以"包打天下"而不需要合作。经济和商业都将从"竞争关系"过渡到"竞合关系"。以前的商业是弥补短板,最后盛的水多;现在的商业是用自己最长的板跟别人的长板合成一个大水桶,以高效合作盛来更多水。

在寻找自己长处的时候，可能会犯很多错误。自己认为的长处实际却不是，甚至脆弱不堪。为避免这种问题，要学会逆向思考，找自己的短处。把不擅长的东西都找出来，剩下的就是自己的长处。必要的时候，还要懂得示弱。让合作伙伴感知到自己是可信赖的、诚实的人，是凡人，不是狂人。

第三准则：先有壁垒，再谈发展。

第二准则讲的是合作，但合作并不是不要壁垒。壁垒保持了自商业的唯一性。应从"产品—服务—用户"三元素中找到壁垒，或者发展出复合壁垒。如果擅长做"产品"，那么就在"产品—服务"、"用户—产品"两段通路上做通、做足，形成核心力，例如赵雷的木智工坊。如果擅长做"服务"，那么"产品—服务"、"服务—用户"就要做出自己的特色，让别人仿制不了，比如Jane的乐活良品。

当一个"产品—服务—用户"的自商业模式运转起来后，首要的考量就是自己能否形成壁垒，如果形不成壁垒，那就关掉。

第四准则：小伙伴参与创造。

当一本书读到最后几页的时候，一般都会迫不及待地翻完。那么接下来，本书主要以图的方式，分享第四准则。还记得第1章中我现身说法讲自己用过的移动设备吗？如果那是本书的第0个案例，那么以下算是最后一个案例。

我开通了一个微信公众号"炭岩科技"。2013年，我在这个公众号上写了200多篇文章，约40余万字，有很多长期关注者（粉丝）。2013年年底，我想在双节（圣诞节、元旦节）期间做个答谢活动。定了个规则，仿照"微杂志"的玩法请关注的朋友们手写一段创意的祝福；公众号收到后整理"晒"出来，找出一些最有创意的祝福寄送一份小礼物。原先的设想比较简单，活动规则发出来后，各种创意层出不穷（见图12-4）。当时的规则是：

1.手写一段祝福的话；

2.内容有"杨老师"、"炭岩科技"；

3.拍个照片直接回复。

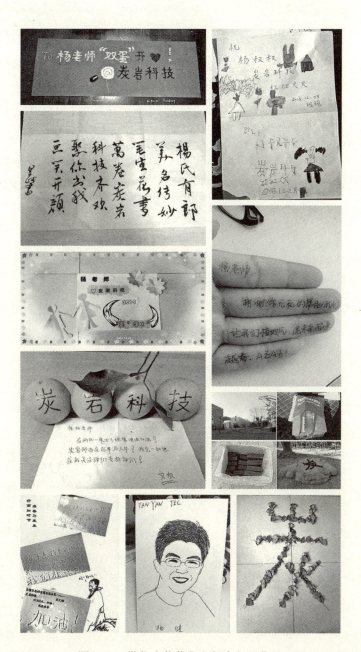

图 12-4 微信小伙伴们积极参与的作品

在收到的创意祝福里,有用五谷杂粮摆的祝福语,有写书法的,有剪纸的,有让自己的小宝宝手绘的,有写在纸巾上的,有写在雪地上的,有用银杏叶摆的,还有专门买了箱木炭摆到一块石头上的(意为"炭+岩")。

此外,更多的是在各种物品上的手写祝福,有写在绿萝叶子上的,有写在鸡蛋上的,有在水果上刻字的,有写镜子上的,有写乐器上的,有写面包上的,还有绘制情节故事的,有在实验报告上的,有用化妆品画的,有在电子钟上绘制的,有做成电影海报的,有水墨勾勒的,有写在自家产品上的,有写在考研试题上的……在活动已经结束很长时间之后,还有小伙伴发来在实验室用原子模型摆放的创意图,活动一玩起来,就有刹不住的感觉。

活动持续的五天中,每天都能收到惊喜。后来在总结这次活动时,发现很多值得分析的地方。

第一,节奏感。我基本上是每隔一天汇集整理一批,每次筛选后将10~20张创意祝福图用公众号"晒"出来。一批晒完,后续的小伙伴有了参考,能做出更有创意的设计。

第二,少限制。在圣诞前发出的活动小规则中有一条:可以说说什么时候关注公众号的,最喜欢哪篇文章,哪篇对您最有帮助。第一批收到的祝福中,就有很多创意是不按这项规则来的,后来的小伙伴看到可以不按规则来,于是更多人摆脱了规则的束缚,创意出了更多个性化的玩法。后来,我干脆把这条提示规则去掉了,敞开了让大家玩。

第三,要互动。这个活动原计划从圣诞到元旦持续五天,实际上延长了几天,前后共进行了八天。活动期间,我把大量的精力都放在与小伙伴的互动上,因微信公众号超过24小时即不能回复的限制,大段的时间用来守着微信公众号后台,哪怕只是对小伙伴发来的信息回复个"谢谢"。而这样做,反而鼓励了大家。有好几位小伙伴就参与了好几次,每次都设计不同的创意图。一时之间,应接不暇。

第四,得好玩。创意和创造是人的天性。有不少小伙伴做的祝福太好了,我便联系他们留下收件地址,以方便寄去份小礼品,但好多人都推辞说"把礼物给其他的朋友吧,平时看文章就很好了"。可见他们并不是冲着礼物来的,好玩最重要。尤其是他们参与创作的东西,与其他小伙伴的一起"晒"出来,会有一种共同参与的成就感。

舍基在《人人时代》一书中将无组织的组织力量分为三层:分享、共同生产、集体行动。这个活动,相当于一下子将粉丝们带到了第三层:集体行动。

2013 年年底,很多网络视频新闻中出现了各地的机场、商贸广场的"快闪"①活动,非常吸引受众的注目。快闪多在人群聚集又流动量大的地方进行,周边围观的人会自然地打开手机、平板电脑等录制视频并上传到网络,很多围观的人还会直接加入快闪活动,一起舞蹈或演唱,不亦乐乎。

在微信公众号上晒祝福的活动结束之后,我曾开玩笑讲:明年咱们也玩儿"快闪"吧。结果收到的回复和点赞非常多。由此可见类似的集体行动将越来越受到新时代人的欢迎。

如果再来看"让小伙伴参与创造",可能会很快联想到 C2B 或者 C2D,让用户参与定制或产生设计。但除此之外,营销活动、市场推广等,精心设计让用户参与的活动效果也很好。需要注意的是,一定要用户有自己的创造,而不是让用户执行,要让大家玩起来。

"小伙伴参与创造"还包括售中、售后等所有的环节。例如,淘宝网在试运行了一年的淘宝判定中心(pan.taobao.com)于 2013 年年底正式上线。判定中心最初的功能是请淘宝用户为商家纠错,例如放错类目、属性不符、发布规则不符等,后来升级为请用户判断管理规则的合理性,然后又延伸到解决买卖双方的纠纷。将这种大众评审员机制引入淘宝网后,不但大大减轻了淘宝人力的介入,还促成了极大的用户黏度。以前处理一个淘宝交易纠纷,小二介入需要至少 5 天,还容易造成纠纷误判。但成为大众评审员的用户用一种类似"陪审团"投票的方式确

---

① "快闪"是快闪行动的简称,在网络上召集一些人,约定一个指定的地点,在指定的时间同时做一个指定的不犯法却很引人注意的动作,然后赶快走人。实际上,现在的快闪已经成了一种不再"非主流"的集体活动,好多是由实体单位组织策划的演唱会、集体舞,对这些单位甚至是国家的品牌形象传播很有价值。2013 年年底,比较著名的快闪有:香港机场 300 人快闪热舞、北京国贸百人快闪合唱、沈阳机场二人转快闪、东航昆明机场快闪、海航美兰机场快闪等等。

定交易纠纷,有的半天即能判定,提升效率的同时还降低了误判率。另外,志愿成为大众评审员的用户特别重视判定的权力,他们参与的积极性和责任感非常高。① 这样一来淘宝网的运营已经不是"交警式管理"和"信号灯式管理",而是在往"环岛式管理"转变。

---

① 主要参考鲲鹏:《淘宝判定中心正式上线　引入大众评审员机制》,杭报在线,http://news.mydrivers.com/1/288/288288.htm,2013-12-31。

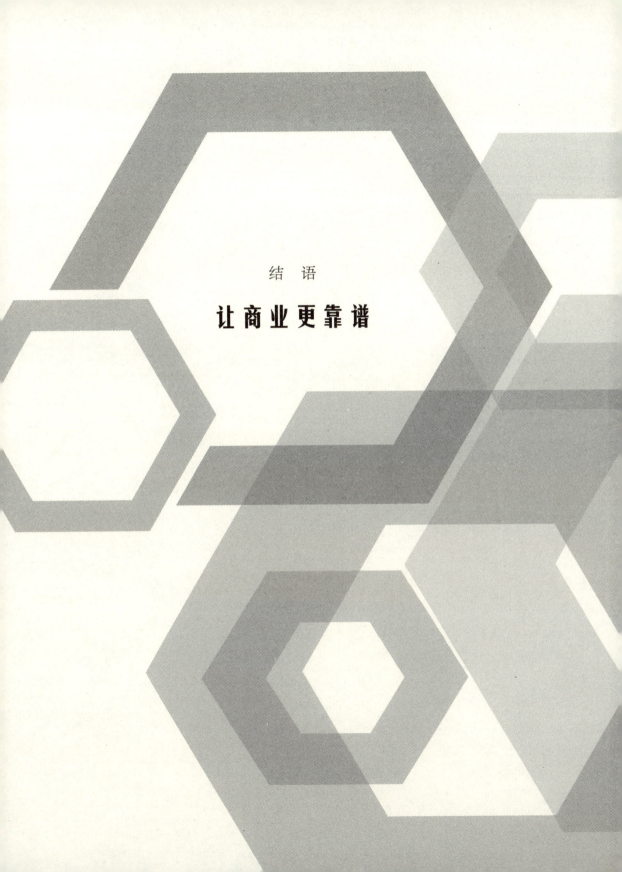

结　语

让 商 业 更 靠 谱

新商业人

面对移动互联网时代,商业人的机遇与挑战并存。

看似到处是机会,实际上处处皆风险。看似信息更透明,实际上更难区分是否有用。大数据概念看似不错,却越来越容易被数字所糊弄。

当商业人面对变化心里没底的时候,可以将目光转向那些商业"原生态",看看那些最不起眼的人在网络上是怎么玩生意的。他们甚至连基本的营销概念都不懂,却能把自己的生意做得风生水起。而传统营销却有可能走到头了,因为指望信息不对称来赚钱的商业模式失去了存在的逻辑。

乐活良品的 Jane 曾是一位媒体人,在传统媒体迷惘和电商困境的夹逼下,她没有嬗变为传统商业人,商业的玩法在变,新商业运营需要更多的媒体属性。

"微杂志"的二当家挤在几个自媒体人圈子内,总显得有些特别,甚至有些清高。特立独行,旋即表达出不俗的价值观。不需要寄生于别的商家,他有能力做自商业。

本书中唯一没法当面访谈到的玛莎·斯图尔特,用几十年的不屈和勤劳打造出了一个强大的个人品牌。这位传奇的美国老太太,既有传媒渠道,又做媒体内容,还卖贴牌商品,她又是自己的品牌代言人,她更是美国社会认可的生活达人。她的商业崛起之路,也是为主张个体个性的新商业人蹚出的一条道路,至少她是精神上的引路人。

翻遍美国人舍基的著作和讲演,找不出绝对学术化的对未来的理念。他与同是 TED 演讲者的斯内克都有点"民间科学家"的意思。但正因为如此，反而使他们更为受众所接纳，这正是舍基提出的"大规模业余化"观点。互联网带来的是"大规模业余化"，只孤零零地咀嚼这一句，意义不大，这背后还应加一句意思才完整：互联网带来的"大规模业余化，业余能做专业的事情"。"大规模业余化"对传统商业的冲击前所未有地强烈。传统小生意人、大企业公司、区域经济体，要特别留意企业生态化的转变，实现组织去中心化，但要避免业务空心化。白沟商业生态，海尔互联网转型，它们要么是原生、要么是原创，能够带给包括互联网公司在内的传统商业组织很多思考。

在新商业人思考时代的同时，也要搞清楚，"大规模业余化"与有能力、有实力是两回事。自代言、自营销，还只是技术操作。要始终清楚自己立足时代的核心力是什么，这是重中之重。没有核心力，没有心，就会产生空心化。

被误读的概念

以"互联网思维"为代表的一系列概念词汇，被快速热炒又迅速坍塌，也是同样的道理。唯有过了若干年，在后人总结盘点商业史的时候，才能予以置评。

当前已经发生和正在发生的一些商业热点现象，充其量只是划亮的火柴，光明但短暂。火柴的意义，仅在于点燃新商业的火把，有的能点燃，有的不能点燃。但一定会有燃起的火把照亮新的商业文明。

无论是对一般新商业人、自商业者或所有当代人来说，都要走实当下的每一步。导言中的图 2 是商业发展必然规律模型，商业路径在理想主义张力和产生羁绊的向心力作用下，必然会走出一条曲线。只看那个模型会有出世的幻觉，如果将模型曲线拉平，其实就是如图 13-1 所示的样子。商业人即使看清了方向，也要应付每天的阻力。有的阻力来自于团队，有的阻力来自于老板，有的阻力来自于用户，还有的阻力来自于自己。有的阻力无伤大雅，有的阻力却招招毙命，还有些看似不存在的阻力却会突然冒出来，也有感觉上坚不可摧的阻力实际上却是纸老虎。新商业人每天的工作就是化解或绕过这些阻力，不停思考，不断前进。而不幸的是,互联网同时带来的碎片化,正悄悄地削弱人的思考能力。

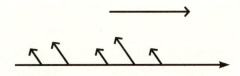

图 13-1　商业发展必然规律模型的变形

"新基尼系数"

经济学家用基尼系数来衡量贫富差距,商业成就也往往以财富作为衡量标准。但在可预见的未来,将会出现一种"新基尼系数",用来度量拥有思考力的人群和丧失思考力的人群。一个新的鸿沟会出现,其严重性可能会超过基尼系数代表的贫富差距。新的精英是没有丧失思考力的人,新的"屌丝"是习惯碎片化生活的人。而成功的新商业人,一定是拥有深度思考能力的精英。

精英不是只守住传统,不接纳互联网,而是既有保持传统的能力,也接纳新锐事物。如果说互联网新锐是系统 1,传统能力是系统 2,还是借用卡尼曼的观点,"保持系统 2 的能力,养成系统 1 的习惯,但应有警惕,感觉到系统 1 可能出错时,及时切换到系统 2"。新商业精英应时刻知道自己的系统 1 是什么,系统 2 又是什么。自商业者就是能掌控系统 1 与系统 2,进而引领时代的人(见表 13-1)。

表 13-1　两种系统

系统 1	系统 2
产业空心化	产业单一化
快思考/碎片化	慢思考/深阅读
交际	实干
一般媒体	真正商业
互联网思维	工业化思维

自商业的价值

自商业首先是一种商业机制,不依赖于资本和传统体制化做法,人的个体个性充分释放。这种机制对个人、企业、甚至国家,都有着价值意义。

对个人来说。用"产品—服务—用户"方法做商业的规划和思考决策,自己的小商业闭环转起来后,不断迭代,越转越快。个人不但养活自己,在"大规模业余化"的背景下,个人和小团队能产生大量专业的价值。

对企业来说。面临时代转型的传统企业,将"信号灯式"管理转变为"环岛式"管理,一定是最低廉的成本才能做真正的互联网转型。这些企业可以改变传统部门和科层制,逐步将员工和部门打散,形成大量"自商业体"组成的企业。实现企业组织的去中心化,同时避免业务空心化,实现业务生态化,传统企业转型为时代企业。而名不副实的互联网公司,更应及早建立起"环岛式"的真正互联网化管理。在这个过程中,传统企业领导人,也要从"领头羊"的角色转变为"牧羊犬"的角色。

随着时代推移,将会有越来越多的个人自商业者、自商业小团队和自商业化企业出现,甚至会产生一定比重的"自商业经济"。他们在解决大学生就业、个体创业、城镇化建设、传统商业升级、区域经济规划、深化体制改革等方面,都具有深远意义。

相信国家各级的政府和领导,会越来越注意到自商业经济发挥出的积极作用。这一经济现象也应合理引导和宏观调控,甚至是该纳入改革的顶层设计。

自商业经济将与其他经济形态一同构建我们华夏民族自己的中国梦。

　　2012 年,烟花三月,我游历江南时专门去湖州南浔,想寻觅一些历史上的巨贾留下的影子。清代时,南浔是中国首富的聚集地,民间有"四象八牛七十二金狗"的说法。但是,想象中能留下的只砖片瓦,却一点儿都看不到。时间只过去百余年,财富如水,聚积和消散都太快。

　　从南浔往东一百公里,就是中国现在的金融中心上海。1843 年开埠之前的上海老城面积仅有 2 平方公里。而 1897 年德国军舰进入胶州湾时,青岛也还只是 2 万人的渔村。即使今天被喻为 IT 财富中心的北京中关村,在十几年前也只是麦子地。商业总是快速变化、快速迭代,互联网更加剧了商业兴衰的周期。在这样的背景下,需要新的方法论来应对这种快速的变化。

　　许久前,有份电商杂志跟我约稿,我因此写了几篇浅陋的小文,短时间内就被转发热捧,再后来甚至还发现我的一些文字片段被有的企业装帧成标语挂到了墙上。直觉让我感到这其中有问题,长期的咨询和运营工作使我特别清楚,在许多受追捧的东西当中,很可能基本的价值链条是不通的。于是,我决定将更多的时间精力拿来做调研,寻找更"实"的东西。

　　"实"的东西一定是接地气的,其稳固性都超出预料。近期,我浏览到有 BAT (指百度、阿里巴巴、腾讯三家国内知名互联网公司)的高管在朋友圈里晒"三年老母鸡"。山村的妹妹或许想象不到她已经能够将老母鸡卖给中国最大的三家互联网公司的副总裁了,当然,她也不关心这个。

只接地气不行,还得格局足够大。2013年的"双11",阿里巴巴严格地将交易额限定在了350亿元。如果放任不收,2014年将会有更多的人借钱也要去做电商,他们中的绝大多数会在淘宝平台上分食越来越微薄的利润。这不利于阿里巴巴的生态化战略,对国民经济也难以产生好的作用。但是,总有人能够在千军万马挤独木桥的时候独辟蹊径,这种人用的是自商业的方式,他们在移动互联网背景下能够率先将营销成本转变为营销红利。

我很庆幸这本书能被吴晓波老师的蓝狮子创意文化有限公司策划出版。蓝狮子自身就是自商业的典范,有优质的图书产品,有自主的运营服务,有稳定的高知用户。与乐活良品的猫咪黄乐乐很像,蓝狮子的办公室里养了几只小狗,一条叫圈圈,还有一条是圈圈的儿子兜兜。圈圈又名圈总,据说在蓝狮子是不能叫总的,谁叫总谁就是狗了。

对于许多传统商业认为不可能的事情,在互联网新商业的洗礼下,都将不可能变为了可能。但依旧有不变的东西,这就是勤奋和实干。即使现在,吴晓波老师依旧勤奋地读书、写书、做书,他家中写作的桌子非常小,似乎是逼着自己有一种创作饥饿感。他在创作时,一坐一个下午,然后发现皮鞋穿不上了,久坐脚已浮肿。他曾讲,除了专业的东西,对其他事物最好保持半白痴状态,现在他连车都不会开,也不去看精彩悬疑的美剧,既然是为了休息,他认为看看韩剧也挺好。其实,吴老师看韩剧还是在搞专业,他拆解韩剧,是为了学习文体结构。

10年前的蓝狮子是在杭州武林广场边上的一个旧楼里,三个人挤在一张1.2米长的小桌上办公。多年过去了,时光流淌如倏忽之间,留下来的两位书生才俊,一位成了蓝狮子图书出版的总编辑,一位成了蓝狮子的运营副总裁。靠谱的商业与人一样,只需要勤奋和实干。

此外,大可不必迷恋创新,我们中国人不缺创新能力。移民澳洲的雪珥在《帝国政改》一书中有这样的记载:清末,英国人建的吴淞铁路通车后,华商迅速兴建了上海小东门到火车站的马拉"出租车"。马车车厢完全仿照吴淞铁路的火车车厢,而马车夫们则穿着清一色的仿制的铁路制服。英国人都不得不叹服中国特色的商业智慧。

而今天,中国商业人的智慧也在更替,这种智慧是更高的格局上的成熟。2013 年度风云浙商颁奖会中,年轻的浙商二代大大方方地接班了。这种时代感的展现,意味着我们的商业阶层开始出现一种可持续的传承精神。这是一种东方特色的可传承性,不一定只表现为家族接班,这种可传承性一定是以反对短效、不赚快钱、品质优先以及个人品牌的人格化做背书的。这也是自商业的表征,也是这本书的更深远意义。

感谢蓝狮子团队和浙江大学出版社的朋友们为本书出版做出的辛勤工作,也感谢一直关注本书出版的杨福川先生。同时,感谢在过去的一年多时间里拿出宝贵时间接受我调研的朋友和企业。还要感激我多年的老友刘斌先生和企业家蒋泉涛先生,在我困难的时候,他们总能给予我君子般的帮助。

也感谢购买并认真阅读本书的读者。大家能在书的后勒口找到我的公号微信号二维码和电子邮箱地址,可以将您的感触、疑问、困惑整理成文字发给我,和我进行更深入的探讨。

就在本书付梓前几天,书中提到的 90 后李岩,刚刚成为一名年轻的爸爸。而书中提到的那些办公环境一度超好的公司,在几年时间里却倒掉了大半。这个时代给了我们每一个人空前的机遇,也带给我们剧烈的变革。这个时代不给每个人留有太多纠结的时间,也不给每家企业留有太多的试错机会。但这是个最好的时代,这是自商业的时代。

杨 健

2014 年 7 月于北京

图书在版编目(CIP)数据

自商业:未来网络经济新形态 / 杨健著. —杭州:
浙江大学出版社,2014.8(2014.11重印)
　ISBN 978-7-308-13556-6

　Ⅰ.①自… Ⅱ.①杨… Ⅲ.①网络营销
Ⅳ.①F713.36

　中国版本图书馆CIP数据核字(2014)第158015号

自商业:未来网络经济新形态

杨　健　著

策　划　者	杭州蓝狮子文化创意有限公司
责任编辑	杨　茜
出版发行	浙江大学出版社
	(杭州市天目山路148号　邮政编码310007)
	(网址:http://www.zjupress.com)
排　　版	杭州中大图文设计有限公司
印　　刷	浙江印刷集团有限公司
开　　本	710mm×1000mm　1/16
印　　张	15.75
字　　数	231千
版印次	2014年8月第1版　2014年11月第3次印刷
书　　号	ISBN 978-7-308-13556-6
定　　价	45.00元